Coordenação Científica da Colecção Ciências e Culturas
João Rui Pita e Ana Leonor Pereira

Os originais enviados são sujeitos a apreciação científica por *referees*

Coordenação Editorial
Maria João Padez Ferreira de Castro

Edição
Imprensa da Universidade de Coimbra
Email: imprensa@uc.pt
URL: http://www.uc.pt/imprensa_uc

Design
António Barros

Pré-Impressão
António Resende
Imprensa da Universidade de Coimbra

Capa
António Barros, com imagem de *Albuquerque Mendes*, 1991; Cortesia:
António Barros

Print By
CreateSpace

ISBN
978-989-8074-14-0

ISBN Digital
978-989-26-0233-2

DOI
https://doi.org/10.14195/978-989-26-0233-2

Depósito Legal
263188/07

Os volumes desta coleção encontram-se indexados e catalogados
na Basedados da Web of Science.

Philip Rieder
Ana Leonor Pereira
João Rui Pita

História
Ecológico-Institucional
do Corpo

IMPRENSA DA UNIVERSIDADE DE COIMBRA
COIMBRA UNIVERSITY PRESS

• COIMBRA 2006

Sumário

Nota de Abertura 7

Philip Rieder
L'histoire de la médecine «from below»: bilan et perspectives...9

Ana Leonor Pereira e João Rui Pita
Pasteur in Portugal: public health and the diffusion of hygiene 21

João Rui Pita
Dos manipulados à indústria dos medicamentos: ciência e profissão
farmacêutica em Portugal (1836-1921) 29

Nota de Abertura

A obra que agora se publica resulta da adaptação de textos que serviram de base às intervenções proferidas no 4º Colóquio Internacional *Temas de Cultura Científica*, subordinado ao tema *História Ecológico-Institucional do Corpo*.

Este Colóquio teve lugar em 18 de Maio de 2005, na Faculdade de Letras da Universidade de Coimbra e foi organizado pelo Grupo de História e Sociologia da Ciência do Centro de Estudos Interdisciplinares do Século xx da Universidade de Coimbra / CEIS20, através do projecto de investigação *Público e Privado: História Ecológico-Institucional do Corpo (1900-1950). O caso português* (POCTI / HAR / 49941 / 2002) e em articulação com os projectos *História da Farmácia em Portugal (1900-1950) / HISTO-FAR* e *Egas Moniz: vida e obra de um Prémio Nobel / EMPNOBEL* em curso no CEIS 20.

O objectivo desse Colóquio era discutir várias questões relacionadas com a problemática da saúde e da doença, do corpo saudável e do corpo doente; da condição de paciente à condição de doente e seu tratamento especialmente o medicamentoso, o processo de medicalização do corpo de meados do século xix à Primeira Guerra Mundial.

Para além das intervenções de Ana Leonor Pereira e de João Rui Pita, o Colóquio contou com a participação especial do Prof. Doutor Philip Rieder, do *Institut d'Histoire de la Médecine* da Universidade de Genève, na Suiça. No dia anterior o Prof. Philip Rieder orientou um Seminário na sede do CEIS20 intitulado *A construção de objectos de investigação em história da saúde*.

O Colóquio e a publicação desta obra contaram com o apoio da Fundação para a Ciência e a Tecnologia   FCT – a , a quem muito reconhecidamente agradecemos o patrocínio do evento.

7

Philip Rieder

Instituto de História da Medicina, Universidade de Genève, Suiça

L'HISTOIRE DE LA MÉDECINE «FROM BELOW» BILAN ET PERSPECTIVES

Une des conséquences de la présence ces trente dernières années d'historiens professionnels dans le champ de l'histoire de la médecine a été l'élaboration de problématiques et la constitution d'objets historiques qui n'avaient jusqu'alors suscité qu'un intérêt marginal dans la littérature historique. En dépassant la logique propre à l'histoire de la progression du savoir médical, ces travaux ont provoqué une redéfinition du champ. Une des innovations marquantes est l'intérêt porté, dans la logique qui est celle de l'histoire sociale, aux acteurs marginaux et aux soignants moins connus, les empiriques, les charlatans, les barbiers, etc.[1] L'objectif de cet article est de revenir sur une des tentatives les plus extrêmes de ce courant, celle qui vise à penser une histoire de la médecine «from below» et à faire du patient un objet historique.

L'idée d'ériger le patient en objet historique a été promue par deux articles importants. Le premier est de Nicholas Jewson, *The Disapearance of the Sick man from Medical Cosmology*, dont l'argument central peut être résumé de façon schématique par l'idée qu'à partir de la médecine clinique du xixᵉ siècle, la cosmologie médicale, c'est-à-dire le cadre conceptuel qui permet l'élaboration du savoir médical, ne nécessite plus la prise en compte du patient en tant qu'individu.[2] En systématisant les tenants et les aboutissants de ces évolutions de la cosmologie médicale, Jewson attire l'attention sur le rôle central du patient avant cette transition, c'est-à-dire au cours de l'Ancien Régime. Le patient serait à cette époque la source principale du savoir médical: le récit qu'il fait de sa maladie en constitue la source et les honoraires qu'il verse au médecin servent à financer ses recherches. Le second article n'est pas moins connu et ambitionne de mettre ce constat à l'épreuve du travail historique. Il est de la plume

---

[1] Parmi d'autres, relevons: PELLING, MARGARET, «Occupational Diversity: Barbersurgeons and the Trades of Norwich, 1550-1640», in *Bulletin of the History of Medicine*, 56, 1982, 484-511; PELLING, MARGARET & WEBSTER, CHARLES E., «Medical Practitioners», in *Health, medicine and mortality in the sixteenth century*, Cambridge, New York etc.: Cambridge University Press, 1979, 165-236; RAMSEY, MATTHEW, *Professional and Popular Medicine in France, 1770-1830: the Social World of Medical Practice*, Cambridge; New York [etc.]: Cambridge University Press, 1988.

[2] JEWSON, N. D., «The Disappearence of the Sick-man from Medical Cosmology, 1770-1870», in *Sociology*, 10, mai, 1976, 225-245.

de Roy Porter et a pour titre *The Patient's view. Doing medical history from Below*. La proposition de Porter est double. Il s'agit de renverser la perspective traditionnelle de l'histoire de la médecine pour appréhender celle-ci du point de vue du patient et, dans un même temps, d'ouvrir un chantier sur cette figure, appelée dans son article l'histoire du souffrant. La proposition de Porter consiste, notamment, à investir des documents non médicaux (journaux personnels et correspondances) afin de chercher à comprendre comment tout un chacun appréhendait et gérait sa propre santé dans le passé.

Or, en dépit du succès rencontré par ces deux articles, force est de constater que peu de travaux ont tenté sérieusement d'esquisser une histoire de la figure du patient au cours de l'Ancien Régime.[3] De nombreuses causes peuvent expliquer cet échec. Le terme même de patient n'y est certainement par étranger. Etymologiquement patient - dérivé du latin *patiens*, c'est-à-dire «endurant, qui supporte avec constance les défauts d'autrui et qui souffre sans murmurer» — implique la passivité.[4] Et s'il est vrai que les formules «patient history» ou «Patient Geschichte» sont employés pour désigner des domaines vastes où il est question de patients, la lecture des travaux eux-mêmes trahit une variété d'interprétations de ce qu'est un patient et par conséquent un éclatement de l'objet historique lui-même. En effet, si de nombreux articles et ouvrages portent le mot «patient» dans leur titre, dans le corps de ces textes la définition donnée à ce terme varie d'un auteur à l'autre. Patient est employé parfois pour désigner un des acteurs d'une relation thérapeutique, l'acteur passif.[5] Ailleurs il désigne le non--médecin (en anglais «lay person»), c'est-à-dire celui qui ne propose pas des services sur le marché médical.[6] Dans d'autres ouvrages encore, il est employé pour signifier une «personne ordinaire».[7]

En somme, dans les écrits historiques comme aujourd'hui, le patient est une figure mal définie, il est représenté comme un être passif, victime des succès comme des échecs du médecin. Il désigne parfois l'acteur d'une relation thérapeutique clairement asymétrique, à d'autres occasions celui ou celle qui occupe un rôle de client sur le marché thérapeutique. Au XXIe siècle, cette passivité peut être présentée comme ambiguë: la médecine et le médecin ne sont-ils pas de plus en plus souvent confrontés à des groupes de patients, à la pression de patients? L'ambiguïté est plus prononcée encore pour l'Ancien Régime: le terme de «patient» définit alors la victime du bourreau ou le client du chirurgien qui souffre une opération douloureuse. En d'autres termes, un patient est une personne qui éprouve une vive douleur et non pas un des acteurs de la relation thérapeutique.[8]

---

[3] Voir : RIEDER, PHILIP, «L'histoire du 'patient': aléa, moyen, ou finalité de l'histoire médicale?» in *Gesnerus*, 60, 2003, 260-271; WOLFF, EBERHARD, «Perspectives on Patients' History: Methodological Considerations on the Example of Recent German-speaking Literature», in *Bulletin Canadien d'Histoire de la Médecine*, 15, 1998, 207-228.

[4] REY, ALAIN (dir.), *Dictionnaire historique de la langue française*, Paris, Le Robert 1993, t. 2.

[5] STOLBERG, MICHAEL, *Homo patiens*, Köln: Böhlau, 2003.

[6] FAURE, OLIVIER (éd), *Praticiens, Patients et Militants de l'Homéopathie (1800-1940)*, [Lyon]: Presses Universitaires de Lyon & Boiron S. A., 1992.

[7] FISSEL, MARY E., *Patients, Power and the Poor in XVIIIth century Bristol*, Cambridge etc.: Cambridge University Press, 1991.

[8] Voir les articles «patient» du *Dictionnaire de Furetière*, et de *L'Encyclopédie*.

L'usage peu fréquent du terme en français au cours de l'Ancien Régime tend à confirmer le modèle de Jewson: le malade ne serait que rarement soumis à une autorité médicale particulière et jouerait le plus souvent un rôle actif dans la gestion de sa santé. Ces données suffisent à se convaincre que le terme patient est mal adapté pour rendre compte de ceux et de celles qui se trouvent sur le côté «demande» du marché médical. La conséquence immédiate dans la littérature historique pourrait être la réduction de l'usage de l'appellation patient pour ne désigner que les seuls malades engagés dans une relation thérapeutique, l'identification des acteurs non soignants se ferait alors par le biais d'une batterie de termes plus ou moins heureux comme malade, souffrant, client, voire plus généralement «non-médecin», ou, par analogie avec le monde anglophone, «laïc». Le recours circonstancié à cette palette d'appellations permet d'éviter de plaquer le sens moderne du terme patient sur la réalité du marché thérapeutique de l'Ancien Régime. De telles circonvolutions langagières tendent pourtant à faire disparaître l'acteur que mettait en valeur Jewson et Porter pour n'en faire plus qu'une série d'éclats de voix qui parsèment une grande variété de travaux. Afin de rassembler ces morceaux, de réfléchir à la cohérence de cette figure diffuse, les pages qui suivent ont pour finalité d'offrir quelques repères possibles pour penser le patient, défini ici comme l'homme ou la femme confronté à sa propre santé.

I. Penser le patient

La première réalité qui frappe à la lecture d'écrits de patients est l'importance du nombre de références à des questions de santé. La matière est indéniablement riche et il suffit de lire des correspondances, des journaux ou même des romans du XVIIIᵉ siècle pour s'en convaincre: on y trouve des informations sur la santé des auteurs, sur la santé de correspondants et amis, voire encore des informations sur la santé de tiers. Le constat est intéressant en soi. Il illustre l'importance pour des patients d'évaluer constamment leur propre état de santé — quand le texte est à la première personne du singulier — et l'intérêt de chacun pour les aléas de la santé des autres (proches et connaissances). Car il faut bien relever l'importance que prennent des données sur la maladie et la connaissance de thérapies qui se sont révélées efficaces pour ceux qui comptent enrichir leur propre compréhension des maux et de la santé: ce sont des informations sur lesquelles se fonde la culture médicale laïque.

Pour appréhender cette culture il faut comprendre les développements et les mots mis en œuvre par les patients. L'historien doit rendre compte des mots du patient et reconstituer leur contexte d'énonciation. La tâche est complexe; de nombreuses expressions renvoyant à des sensations se traduisent par un langage imagé et sensuel. On pourrait s'attarder sur les «croassements» du bas ventre, les mouvements de chaleur, «l'irritation du sang» et les «évanouissements d'estomacs» trouvés dans les textes. Parmi d'autres, une tirade de Mme D'Arnay, dans une lettre adressée au célèbre médecin de Lausanne, Samuel Auguste Tissot (1728-1797), permet d'évaluer la distance qui nous sépare des patients du XVIIIᵉ siècle. Après avoir détaillé les problèmes de santé de sa sœur, la correspondante ajoute:

«Si cela continue encor longtems, je deviendrai surement come elle; cet là le baume que j'ai à appliquer sur la douloureuse plaie de la morts de mes frères, dont je ne pourrai jamais me consoler; il me reste dès lors une émotions dans le sang, qui me donne une dispausition à m'emouvoir de tout, au point que je ne me reconoit plus moi-méme, et je suis souvant dans une sorte de stupidité.»[9]

Un compte-rendu fait aujourd'hui par un patient à son médecin comporte certainement des signes attestant d'une compréhension très personnelle du mal être. Néanmoins, les formulations de Madame d'Arnay signifient l'altérité de l'expérience des patients du passé et la nécessité d'user de précautions dans leur interprétation. Comprendre son propos implique d'avoir en tête un modèle de corps où l'évolution de la santé est dictée par des variables que nous qualifierions aujourd'hui de physiques ou psychiques. Les aléas de santé sont saisis en fonction des six choses non naturelles, soit l'air, la nourriture et la boisson, le sommeil et la veille, le mouvement et le repos, les évacuations et, finalement, les passions de l'âme.[10] Sans entrer dans l'analyse de ces variables, il faut insister sur la richesse explicative du modèle: chacun dispose de la même palette de causes à même d'expliquer un dérèglement de santé; les habitudes alimentaires (ou les excès), ses activités physiques, la qualité de l'air de l'endroit où il se trouve, ou encore les émotions peuvent être responsables d'un dérèglement de santé. Rétrospectivement, une des caractéristiques les plus frappantes aujourd'hui est le rapport étroit ou l'interaction constante entre le corps et l'esprit, notamment par les méfaits possibles des passions ou émotions sur le corps: dans l'exemple cité, Mme D'Arnay redoute clairement de tomber malade en raison des émotions qui la submergent.

a) Les maux: le poids du quotidien

L'expression du mal être est l'apanage du patient et elle se traduit par une description de faits, de sensations et d'événements qui sont interprétés soit comme des symptômes, soit comme la cause soit encore comme la conséquence d'un dérèglement de santé. Comment reconstruire la signification de ces discours? Il est particulièrement difficile de rendre compte des maux communs: l'anodin est rarement couché par écrit. Certaines sources permettent pourtant de se faire une idée de ce que sont les maux les plus fréquemment évoqués au cours du xviiie siècle. Le Journal de Théophile Rémy Frêne (1727-1804), ministre réformé du village de Tavannes (Franches-Montagnes) est du nombre. Rédigé régulièrement pendant près de 63 ans par un homme dont la santé n'est pas marquée par une longue ou grave maladie, les maux évoqués peuvent être considérés comme des maux plutôt communs. Comme la plupart de ses contemporains, Frêne consulte régulièrement une grande variété de soignants et demeure critique

---

[9] Bibliothèque cantonale et universitaire de Lausanne (désormais: BCUL), Dorigny, Département des manuscrits, IS 378 41 V / 149.01.15.23: J. D'Arnay à S.A.A.D. Tissot, Moudon, le 14 mai 1767.

[10] Voir EMCH-DERIAZ, ANTOINETTE, «The non-naturals made easy», in PORTER, ROY (éd) *The Popularization of Medicine*, London & New York: Routledge, 1992, pp. 143-159; NIEBYL, PETER, «The non-naturals», in *Bulletin of the History of Medicine*, XLV, 5, 1971, 486-492; RATHER, L. J., «The 'Six Things Non-Natural': A Note on the Origins and Fate of a Doctrine and a Phrase», in *Clio Medica*, 3, 1968, 337-347.

vis-à-vis des affirmations des uns et des autres. C'est là certainement la cause de son intérêt constant pour tout ce qui concerne la santé. La longue durée sur laquelle est tenue le Journal permet de relever un changement d'attitude qui survient avec l'âge. Pendant la plus grande partie de sa vie, il évoque ses maux ouvertement avec ses proches, ses connaissances, ses voisins et ses médecins. Au-delà de cinquante ans, il se fait plus circonspect et cache même ses problèmes de santé. Le 18 mars 1788, à l'âge de 61 ans, il rapporte par exemple: «Me sentant enrhumé, je passai une assé mauvaise nuit, et le matin, j'étoit fort foible et accablé; toutefois, je ne fis semblant de rien et je me remis» (2182).[11] Le pasteur vieillissant cherche à prévenir les inquiétudes de ses proches et cette est attitude est constante au cours des dernières années de sa vie.

Cette transformation d'attitude est intéressante en soi, elle atteste de la variation possible des perceptions de chacun de ses dérèglements de santé et invite à bien cerner le contexte d'énonciation des écrits avec prudence avant d'en tirer parti. Pour l'essentiel, le Journal de Frêne demeure étonnamment régulier, même si en recensant l'ensemble des allusions dans le Journal à la santé du diariste lui-même, il n'est possible d'appréhender que les faits que l'auteur a cru bon de relever. Plusieurs passages révèlent que Frêne néglige d'évoquer certains maux dans son Journal. Ce n'est, par exemple, qu'au moment de la rougeole de ses propres enfants que le lecteur apprend qu'il avait lui-même souffert de cette maladie (890).

Parmi les termes employés par Frêne pour décrire son état de santé, certains sont vagues. Sa santé est à l'occasion «altéré[e]» (2496), il se trouve «indisposé» (358), a «mal» (129), est «mal à l'aise» (373) ou, se décrit comme «incommodé». Il est pourtant rare que ces termes soient considérés comme suffisants pour signifier un état de santé particulier, plus souvent ils ne servent que pour qualifier l'état d'une partie du corps ou une sensation liée à des symptômes plus spécifiques: une incommodité est, par exemple, attribuée à une soupe et mise en rapport avec des vomissements, suggérant ainsi un problème digestif (1311). Dans son Journal, Frêne tend à décrire ses maux en précisant d'abord dans quelle partie de son corps il souffre. Une série de maux sont associés à des douleurs à la surface et aux extrémités du corps: il a mal à un doigt (40; 200), à une jambe (864), au talon (929), à un genou (1310) et au nez (883). Les dents reviennent le plus fréquemment et causent le plus de souffrances — soit dix-huit épisodes. Le mal de dents est un mal courant à la fin du XVIIIe siècle.[12]

Le diariste ne se réfère que rarement à des maladies comme à des entités ontologiques. Il souffre de la gale (quatre occurrences), de la petite vérole, redoute une apoplexie et craint d'attraper, entre autres, des hémorroïdes, le pourpeux et la dysenterie. Le défaut de noms de maladies renvoie au faible nombre de diagnostics prononcés et correspond à une conception de la maladie comme étant un défaut d'équilibre plutôt qu'une entité pathologique en soi. Frêne se plaint encore de maux internes, d'une douleur comme un mal de tête (373), de gorge (1119), au ventre, etc. ou de symptômes comme la constipation (3035; 3111), des vomissements, des maux de cœur, des coliques (trois

---

[11] FRÊNE, THÉOPHILE RÉMY, *Journal de ma vie*, BANDELIER, ANDRÉ ; GIGANDET, CYRILLE & MOESCHLER, PIERRE-YVES (éds), Porrentruy: Société jurassienne d'Emulation, Editions Intervalles, 1993--1994 (désormais: *Frêne*). Les chiffres entre parenthèses renvoient à la pagination originale du journal reproduite dans cette édition.

[12] DARNTON, ROBERT, *Le grand massacre des chats*, Paris: 1985, p. 11.

occurrences), des inflammations, des «enflements». Ailleurs il souffre de mouvements d'humeurs, notamment des rhumes (huit mentions), fluxions (612; 618) ou des évacuations de nature différentes, soit de bile (358), sueur (3103). La douleur, comme les symptômes et les sensations trahissant des mouvements d'humeurs sont des signes importants au regard de la médecine ancienne ; ils attestent de la concentration indésirable d'humeurs, d'engorgements ou de l'évacuation d'humeurs malsaines.[13]

Le plus remarquable est le fait que Frêne a surmonté sans trop de difficultés ces maux sans développer de maladie chronique, ni de souffrance particulière sur le long terme. Avec le recul, son Journal trahit une logique particulière où le besoin de trouver une cause au mal être prévaut sur celui d'identifier une maladie. La faible présence d'entités nosologiques est caractéristique de la culture médicale sous l'Ancien Régime. Le nom d'une maladie est souvent présenté comme étant donné par un médecin, ou plus précisément comme étant l'interprétation donnée par un soignant à une affection particulière. Parmi de nombreux exemples, on peut citer un passage d'une lettre d'Horace-Bénédict de Saussure dans laquelle celui-ci se défend d'être un hémiplégique comme les autres: «Non que je souffre d'une hémiplégie bien décidée, car je n'ai jamais eu la tête dérangée ni singulièrement faible, mais j'ai depuis deux ou trois ans une faiblesse du côté gauche».[14] A l'originalité des maux correspondent des corps uniques.

b) La singularité des corps

La méfiance manifestée par des patients comme Frêne et Saussure vis-à-vis d'entités nosologiques peut être lue comme une conséquence de la prédominance d'une conception singulière de chaque corps. Pour le dire simplement: tout corps est unique et la maladie qui l'atteint ne peut que l'être également. La singularité des corps est une évidence dans le contexte de la médecine humorale. Au xviiie siècle, chacun possède une constitution et un tempérament qui sont a priori distincts de ceux des autres corps. Chaque enfant naît avec une constitution particulière (héritée de ses parents) un tempérament original (c'est-à-dire à une disposition d'humeurs qui lui est propre) qui est par la suite modelé par l'environnement physique dans lequel il grandit. Ce tempérament est encore transformé par une grande variété d'expériences et d'événements de la vie.[15] Pour saisir comment cette réalité était vécue au xviiie siècle, il s'agit d'organiser les données sur la santé en fonction de parcours individuels.[16]

II. Santé et sens: trois cas

---

[13] Voir à ce propos: PILLOUD, SÉVERINE ; LOUIS-COURVOISIER, MICHELINE, «The Intimate Experience of the Body in the Eighteenth Century: Between Interiority and Exteriority», in *Medical History*, 47, 2003, 451-472.

[14] Bibliothèque Publique et Universitaire (désormais: BPU), Ms Saussure 221/6, p. 39: copie de lettre du 23 avril 1797.

[15] Pour le modèle du corps singulier, voir: RIEDER, PHILIP ; BARRAS, VINCENT, «Corps et subjectivité à l'époque des Lumières», in *Revue du XVIIIe siècle*, 2005, 211-223.

[16] Le modèle ici est la voie préconisée il y a déjà plusieurs décennies par Jean Starobinski dans ses études sur le cas Rousseau: STAROBINSKI, JEAN, «La maladie de Rousseau», in Comptes rendus du premier Congrès international de néphrologie, 1er au 4 septembre 1960, 1961, 11-12.

La notion de singularité individuelle de chaque corps — le corps prend ici un sens large comprenant l'ensemble de l'être — donne un aperçu de la latitude des uns et des autres dans les interprétations qu'ils construisent de leur propre rapport à la santé. Parmi les particuliers vivant au XVIIIᵉ siècle qui ont laissé des traces de leur combats pour trouver, retrouver ou conserver une bonne santé, ceux qui ont souffert de maux pendant plusieurs années sont les plus utiles pour conférer une idée du sens et des liens de causalité possibles entre la souffrance et la compréhension de soi à cette époque. Certains auteurs imposent une lecture forte de leur parcours, une lecture qui renforce un aspect de leur identité. C'est le cas de Charles Bonnet (1720-1793) qui formule lui-même une interprétation de son histoire de vie articulée autour de sa santé. Dans une série d'écrits autobiographiques il raconte que sa santé avait été bonne dans sa jeunesse. Elle se serait dégradée au début de l'âge adulte, alors qu'il entamait des recherches sur les pucerons. Il était alors âgé de 23 ans: «Ma santé commençait à se ressentir du travail, ma vue s'affaiblissait de plus en plus» écrit-il.[17] Son excès de travail a pour conséquence, toujours selon Bonnet, une maigreur extrême et un commencement de langueur. Il se plaint également de ses yeux «mis à de si rudes épreuves et à des épreuves si longtemps continuées».[18] La dégradation subséquente de sa vue l'incite à renoncer à l'observation et à s'intéresser à la métaphysique. Ce nouveau travail, une activité excessive de cerveau, ne le soulage pas pour autant:

> «Vous jugés facilement», écrit-il au médecin Gérard Van Swieten (1700-1772) «que mon cerveau est une forge qui a été échauffée trop longtemps, qui exige qu'on la laisse refroidir, et qu'on y fasse les réparations nécessaires. Comme il étoit originairement plus vigoureux que mes yeux, il a porté sur eux dans la méditation et dans la composition des coups d'autant plus facheux, qu'ils avoient été affoiblis par les observations microscopiques».[19]

L'essentiel pour Bonnet, et il ne cesse de l'affirmer dans sa correspondance, est de souligner les liens entre la dégradation de sa santé et ses excès de travail. C'est clairement un trait important de l'identité de Bonnet qui, cela dit, ne cesse de se ménager. Le fait qu'aucun des soignants consultés par Bonnet ne conteste son interprétation est intéressant en soi et confère une idée de ce que pouvaient être les liens entre un médecin et son patient à cette époque. Le seul correspondant connu à avoir mis en cause cette interprétation est le pasteur et naturaliste Jean-Henri-Samuel Formey (1711-1797). Bonnet s'était inquiété de l'effet des nombreuses activités de Formey sur sa santé et l'engageait, suivant son exemple, à se ménager. Formey lui avait répondu en niant la

---

[17] Charles Bonnet à Albrecht von Haller, de ma Retraite, le 14 février 1776, in Savioz, Raymond (éd), *Mémoires autobiographiques de Charles Bonnet de Genève*, Paris: Librairie Philosophique J. Vrin, 1948, p. 79.

[18] Voir ausssi: British Library, Londres, Add 23, 899/8: Charles Bonnet à Philibert Cramer, Thônex, le 23 juillet 1745.

[19] Charles Bonnet à Gérard Van Swieten, le 18 mars 1772, in Savioz, Raymond (éd) *Mémoires autobiographiques de Charles Bonnet de Genève*, Paris: Librairie Philosophique J. Vrin, 1948, p. 335.

nécessité de réduire ses activités et engageait, au contraire, Bonnet à se lancer lui-même sans réserve dans son travail: «c'est le moyen de vivre en un jour plus que ne font dans une année ceux qui passent leur tems à végéter ou à ruminer.» Dans sa réponse Bonnet ne cache pas son irritation, il énumère ses maux avant de conclure: «Si vous m'aimés, comme je me flatte, vous serés le premier à m'exhorter au repos. [...] Je violerois la Loi Naturelle, si je ne prenois pas un repos nécessaire. Je puis me reposer sans honte; j'ai payé à la Société un contingent honnête: je lui ai consacré mes plus belles années».[20] La véhémence de sa réplique impose le silence à son correspondant, et l'ardeur que met Bonnet à diffuser son interprétation à ses multiples correspondants assure le succès de l'histoire: sa mauvaise santé devient en quelque sorte le garant de l'excellence de son cerveau et, par là, de son travail d'homme de lettres.

Le succès de l'interprétation de Bonnet repose sur deux caractéristiques de la culture médicale de son temps. La première est l'association des excès d'exercice avec la détérioration de la santé. La seconde repose sur le fait que la voix du patient est celle qui s'impose comme étant la plus fiable pour décrire des maux. Ces deux caractéristiques peuvent se retourner contre le malade lorsque les conclusions qu'elles impliquent vont à l'encontre de son projet de vie. Elles conditionnent certainement la manière dont certains gèrent leur santé. La femme de lettres Isabelle de Charrière (1740-1805), souffrant pendant la plus grande partie de sa vie d'adulte de ce qu'elle décrit comme des vapeurs, de la mélancolie et des maux de nerfs, observe une certaine réserve sur sa santé pendant sa vie de femme mariée. Les souffrances dont elle fait état dans sa correspondance, des douleurs dans différentes parties du corps, des angoisses, une disposition à sombrer dans des pensées noires et de nombreux autres maux, sont peu interprétées. Elles sont pourtant associées très tôt par son entourage aux activités littéraires de la patiente. Alors qu'elle est encore jeune fille, sa famille lui reproche de trop étudier et de trop veiller. Un coup d'œil à la littérature médicale confirme la logique de ces critiques: dans la liste des comportements qui fragilisent le corps et prédisposent ainsi à la mélancolie figurent ses principales habitudes les veilles «excessives», les écarts de régime, mais aussi «les excès» d'étude. Pour se soigner, elle devrait réformer sa façon de vivre. Elle ne se laisse pas faire. Dans une lettre à Constant d'Hermenches (1722-1785) elle se plaint: «On trouve aussi mauvais que je veuille savoir plus que la plupart des femmes». Elle nie l'effet négatif de ses lectures et de ses activités intellectuelles ou, plus précisément, elle présente ces activités comme nécessaires à sa survie: «On ne sait pas que trés sujette a une noire melancolie je n'ai de santé ni pour ainsi dire de vie qu'au moyen d'une occupation d'esprit continuelle».[21] Elle va plus loin: «Partout ou je suis il y a du haut et bas dans ma santé; partout une matinée entière de conversation et de promenade sans retraite et sans lecture, finit par le plus cruel mal-aise».[22]

---

[20] Wellcome Library, Londres, Charles Bonnet à Jean-Henri-Samuel Formey, Genthod, le 21 septembre 1764.

[21] Belle de Zuylen à Constant d'Hermenches, Z[uylen], le 9 septembre 1762, in DUBOIS, SIMONE, DUBOIS, PIERRE H. et al. (éds), *Isabelle de Charriere. Belle de Zuylen. Correspondance*, t. 1, Amsterdam: G. A. Van Oorschot, 1979, p. 129.

[22] Belle de Zuylen à Constant d'Hermenches, Utrecht, les 13-18 septembre 1764, in *Ibid.*, p. 307.

Il n'est pas question pour Isabelle de Charrière de renoncer au plaisir de lire et d'écrire. Elle refuse les conséquences que dicte le bon sens médical. Son attitude est hardie et représente une cause probable de la réserve qu'elle observera sur ses troubles de santé par la suite et peut-être, d'un certain fatalisme qui caractérise son attitude vis-à-vis de ses maux chroniques plus tard dans sa vie. Il faut retenir de son cas que refuser la logique médicale commune demeure une attitude possible. C'est là un indice de la latitude laissée au malade dans l'interprétation de ses maux. Certains patients vont plus loin que Charrière et soutiennent une interprétation à leurs maux qui diffère de celle dictée par la culture médicale et le simple bon sens. Le cas d'Horace-Bénédict de Saussure (1740-1799) peut servir ici d'illustration.[23] Saussure était célèbre de son vivant pour sa connaissance des Alpes et, par conséquent, ses courses alpines. Né d'une mère réputée porter une tare familiale caractérisée par des problèmes de peau et par différents maux résultant d'un défaut de transpiration, Saussure tombe malade une première fois en 1768, à l'âge de 28 ans. Il s'agit selon la terminologie de l'époque d'un «mal de gorge» ou d'un «mal de gorge gangréneux». Dans les lettres que sa famille lui adresse, son «échauffement» excessif est rendu responsable de cette maladie: «Tu t'étois sans doute trop échaufé dans tes courses tout le monde attribuë ton mal à cela. Au nom de Dieu ménage toi» lui écrit par exemple son père, Nicolas de Saussure.[24]

L'échauffement, littéralement la surchauffe de l'être est bien une cause possible à la perte de santé. De nombreux cas contemporains en témoignent.[25] Ainsi, un homme comme de Saussure qui réalise de longs et éprouvants voyages dans les Alpes peut s'attendre à voir ses problèmes de santé associés aux efforts physiques que ces excursions sous-entendent. Quoiqu'il en soit, Saussure se remet sans trop de mal de cette première maladie, mais tombe de nouveau malade quatre ans plus tard: il se plaint alors d'âcreté dans l'estomac et de renvois constants d'aliments. Il perd du poids et alarme son entourage qui met de nouveau en cause ses excès physiques. L'appel à la modération est général. Une lettre anonyme adressée à Haller insinue même que son ardeur dans ses relations avec sa jeune épouse pourrait être partiellement responsables de ses problèmes de santé.[26] Saussure voit ainsi ses moindres maux attribués à ses excès physiques. Les médecins ne font pas exception. Théodore Tronchin (1709-1781) lui-même l'incite à se ménager.[27] La question se pose alors de savoir comment Saussure a pu passer outre de telles recommandations et donner libre cours à ses projets d'excursions scientifiques dans les Alpes. Si Saussure ne manque pas de rassurer ses proches en affirmant qu'il se ménage, en juillet 1777, il avance sa propre interprétation de ses troubles de santé

---

[23] Pour plus de détails sur ce cas, voir : RIEDER, PHILIP ; BARRAS, VINCENT, «Santé et maladie chez Saussure», in SIGRIST, RENÉ (éd) H.-B. de Saussure (1740-1799): Un regard sur la terre, Genève: Bibliothèque d'histoire des sciences, Georg, 2001, 501-524.

[24] En cas de rechute, il conseille des remèdes qui «adoucissent et relachent». BPU, Ms Saussure 237 / 64: Nicolas de Saussure à Horace-Bénédict de Saussure, Frontenex, le 26 décembre 1768.

[25] Jean-Jacques Rousseau attribue, par exemple, à un échauffement la mort subite de Claude Anet : ROUSSEAU, JEAN-JACQUES, «Les Confessions», in RAYMOND, MARCEL; GAGNEBIN, BERNARD (ss la dir. de), Oeuvres Complètes. Les Confessions et autres textes autobiographiques, Paris: Gallimard, 1959, p. 205.

[26] Burgerbibliothek Bern, Correspondance Haller, XVIII 32/66, s.d.

[27] BPU, Manuscrits, Ms Saussure 13/43, Théodore Tronchin à Horace-Bénédict de Saussure, Paris, le 15 septembre 1772.

pour calmer les inquiétudes de sa belle-sœur: «ce n'était pas mes courses [dans les Alpes], mais une diète mal entendue qui m'avait rendu malade».[28] Ainsi, en dépit de la conviction de ses proches, de ses médecins, et des conseils de tous de réduire ses activités alpines, Saussure nie l'interprétation commune pour en imposer une autre et laisse libre cours à sa passion des montagnes.[29]

Ces quelques indications sur les parcours de Charles Bonnet, d'Isabelle de Charrière et d'Horace-Bénédict de Saussure révèlent à la fois la voix prédominante qui reste au patient, celui qui «sent» les choses et connaît au mieux son propre corps, et l'importance de la pression sociale (et parfois médicale) sur le malade. Au XVIIIe siècle, la santé des uns et des autres est régulièrement évoquée et avec peu de réserve: la maladie a des conséquences sociales aussi bien que symptomatiques.

III. Savoirs et pratiques thérapeutiques

L'attention prêtée par les uns et les autres aux maux frappant des amis ou des proches résulte sans doute de la précarité de la vie. La morbidité est grande et véhicule un sentiment d'insécurité constant. La culture médicale des patients est construite en large partie par les exemples des parcours d'autres malades. Ce fait même justifie en quelque sorte la méthode employée ici. La présence de nombreux récits de thérapies et de remèdes efficaces, conservés dans les papiers de famille, constitue une indication de l'importance des histoires de cas et des remèdes éprouvés par des tiers dans la culture médicale laïque. Certaines familles en font systématiquement la collection. Les Charrière de Sévery, par exemple, un couple avec deux enfants, ont accumulé près de quatre cents remèdes, souvent associés à des cas particuliers, dans la deuxième moitié du XVIIIe siècle.[30] Un recueil de remèdes genevois conserve une recette particulièrement intéressante, il s'agit d'un: «Gargarismes pour les maux de gorge de Mr De Saussure».[31] Le remède comprend de l'eau de vie et de l'écorce de grenade. La valeur thérapeutique de la grenade n'est pas ici l'essentiel, ce qui importe c'est la corrélation évidente entre les vertus prêtées au remède et les nombreux maux de gorge dont Saussure avait souffert: l'autorité de son expérience de patient cautionne ici la valeur du remède.

Au XVIIIe siècle, le succès d'un remède pour un malade particulier ne garantit pas l'efficacité universelle d'un remède. Il s'agit encore de vérifier qu'un même remède aura le même effet bénéfique sur d'autres corps et rien n'est plus incertain pour les patients: la singularité de chaque corps justifie des réactions très différentes face aux mêmes substances. Ainsi, si posséder des certitudes en matière de santé est un bienfait pour

---

[28] BPU, Ms fr. 4452/26, Horace-Bénédict de Saussure à [Anne-Caroline] Tronchin, le 26 juillet 1777.

[29] Il justifie son attitude dans son chef-d'œuvre, ses *Voyages dans les Alpes* en affirmant le bon air et l'effet revigorant de la montagne : SAUSSURE, Horace-Bénédict, *Voyages dans les Alpes*, Neuchâtel, Louis Fauche-Borel, 1779, pp. III-IV.

[30] Archives Cantonales Vaudoises, P Charrière, Ce 1-Ce 4.

[31] Archives d'Etat de Genève, Fonds de la famille Saladin-van-Berchem, armoire 4, Recueil de remèdes, s.d.

la tranquillité d'esprit, de telles certitudes étaient rares. Les patients plus hésitants que Bonnet, Saussure ou Charrière se débattent dans le doute et cherchent des autorités à même de les guider. Le désespoir guette. «Beaucoup de gens qui nous font la grace de s'interresser à notre situation facheuse, et qui voudroient qu'un malade se guérit au moment même» écrit le pasteur Cart, père d'un enfant malade souffrant notamment de jambes enflées, «crient à la ponction, ou voudroient que la supuration s'établit aux jambes». Face à ce bon sens médical, le père de famille ne demande pas l'impossible, n'exige pas un miracle, mais cherche à trouver le meilleur remède possible, la solution thérapeutique la plus adéquate. Le pasteur Cart avoue chercher les conseils de Tissot «Pour ne pas avoir de reproche à nous faire plutost que par le sentiment d'une espérance que nous n'avons plus»[32].

Confrontés à de telles requêtes, rares sont les soignants au XVIIIe siècle qui prétendent détenir la seule vérité. C'est au patient de gérer les informations les conseils qu'il trouve auprès des uns et des autres. Il n'est alors pas étonnant de voir celui-ci consulter un grand nombre de soignants différents, certains formés dans des universités, d'autres par la pratique. Cette réalité transparaît dans de nombreuses lettres adressées à des soignants: le parcours thérapeutique du patient est souvent long. Même le très rationnel Charles Bonnet, ami des médecins Théodore Tronchin et Jean-Antoine Butini (1723--1810), ne manque pas de consulter un abbé itinérant à propos de la maladie de sa femme. Ce dernier opère la patiente dans un contexte trouble, sans que le mari ait donné explicitement son autorisation. Le couple n'est que faiblement consolé par le fait que même le docteur Tronchin ne put empêcher sa propre fille de se faire opérer par le même opérateur.[33]

IV. Bilan

Un grand nombre des traits développés ici pourraient être placés dans d'autres contextes. Le corps singulier des lumières constituerait un chapitre possible de l'histoire du corps, la publicité donnée aux détails de santé des uns et des autres trouverait une place logique dans une histoire de la vie privée et l'énumération pourrait être poursuivie. Cette dispersion justifie l'éclatement actuel du chantier sur le patient tel qu'il pouvait être appréhendé à travers l'article de Roy Porter en 1985. Le survol réalisé dans ce chapitre constitue une tentative de penser le patient à partir d'une variété de sources différentes. La figure qui en émerge se construit à partir d'un ensemble d'informations. Ses contours restent flous, mais elle permet d'évaluer le rôle et le poids du client sur le marché médical, de mettre en évidence les rapports entre les savoirs médicaux et les savoirs laïcs. Il paraît évident dans l'environnement précédant la médecine scientifique que la nature même de la médecine n'est pas sans liens avec les négociations constantes entre patients et médecins et, par conséquent, il semble

---

[32] BCUL Dorigny, Fonds Tissot IS 3784/V/144.03.06.14 : M. Cart Roten à Tissot, Vufflans-le-Château, le 8 mai 1785.

[33] Bibliothèque Publique et Universitaire de Genève, Ms Bonnet 70 ff. 140-141: copie de lettre Charles Bonnet à Henri-Louis Duhamel de Monceau, Genève, le 28 janvier 1760.

possible de penser une histoire du patient plus nuancée que celle proposée par Jewson. Il est vrai que la réalisation demeure problématique et cela pour des raisons à la fois documentaires et méthodologiques. L'abondance du matériel disponible, à partir de la fin du XVIIe siècle, fait du XVIIIe siècle la période la mieux connue, une période qui tend à être présentée comme représentative de l'ensemble de l'Ancien Régime. Pour dépasser cette déformation, à laquelle ce chapitre participe involontairement, il s'agit de trouver des séries de sources qui permettent d'envisager des transformations sur le long terme.

Ana Leonor Pereira* e João Rui Pita**

*Faculdade de Letras e CEIS 20, Universidade de Coimbra, Portugal
** Faculdade de Farmácia e CEIS 20, Universidade de Coimbra, Portugal

PASTEUR IN PORTUGAL:
PUBLIC HEALTH AND THE DIFFUSION OF HYGIENE[1]

Introduction

Portugal and France have many historical affinities, especially in the field of culture and in the scientific domain[2]. As far as biomedical science is concerned, there are many determinant examples of the French influence: suffice it to mention Pasteur[3] and microbiology, and its relation to hygiene and public health[4]. The impact of Pasteurian mentality on Portuguese scientific biomedical and administrative communities, as well as its diffusion within the great public, has been the object of our research.

We carried out two case studies that constitute the basis of the current intervention.

1. The foundation of the three most important laboratories in the fields of hygiene and public health, at the end of the 19th century: *a)* Microbiology Office of the University of Coimbra; *b)* Municipal Chemistry Lab of Oporto; *c)* Bacteriological Institute of Lisbon.

---

[1] Research project: *História Ecológico-Institucional do Corpo (1900-1950). O caso português / Public and private ecological-institucional history of the body (1900-1950) – The Portuguese case* (Fundação para a Ciência e a Tecnologia, F.C.T. – POCTI / HAR / 49941 / 2002). Translation: Patrícia Martins.

[2] See Ana Leonor Pereira; João Rui Pita, «Ce qu'on pense au Portugal, au cours du temps, de la France scientifique», *Revue d'Histoire de la Pharmacie*, Paris, 45 (316) 1997, pp. 429-430.

[3] See Ana Leonor Pereira; João Rui Pita; Sérgio Namorado, «Pasteur em Portugal. A recepção da mentalidade etiopatológica em Portugal», *Revista Portuguesa de Farmácia*, 51(4)2001, pp. 183-191. João Rui Pita; Ana Leonor Pereira; Sérgio Namorado; Ricardo Gonçalves, «Pasteur na cultura científica portuguesa entre 1880 e 1920 – Mosaico de fonts». In: *Actas da Reunião Internacional de História da Medicina, Lisboa, 11 a 13 de Outubro de 2001*, Lisboa, Faculdade de Ciências Médicas-UNL/Sociedade de Geografia de Lisboa/Societas Internationalis Historiae Medicinae, 2003, pp. 244-246; Ana Leonor Pereira; João Rui Pita; Sérgio Namorado; Ricardo Gonçalves, «Condição humana e criatividade científica. Pasteur: a ciência ao serviço do Bem». In: *Actas da Reunião Internacional de História da Medicina, Lisboa, 11 a 13 de Outubro de 2001*, ob. cit., pp. 247-248.

[4] See Ana Leonor Pereira; João Rui Pita, «Ciência e medicina: a revolução pasteuriana», Congresso Comemorativo do V Centenário do Hospital do Espírito Santo de Évora – Actas, Évora, Hospital do Espírito Santo de Évora, 1996, pp. 245-271.

2. The magazine *A Illustração*, a periodical of political, cultural and scientific news printed in Paris, which diffused themes concerning public health to the great public, inspired on Pasteur's work.

1. The foundation of hygiene laboratories: chemical and microbiological labs

At the end of the 19th century three labs were founded in Portugal with very different institutional origins, different practical aims, but converging final aims: paying service to public health, since chemical and microbiological analyses of application to private and public health were made there.

In 1882 the foundation of the Microbiology Office of the University of Coimbra began, being institutionalised in 1886. In 1884 the Municipal Chemistry Lab of Oporto was founded, as a dependent institution of Oporto City Hall. In 1892 the Bacteriological Institute of Lisbon was founded following state initiative, which assumed itself as responsible entity for bacteriological analysis in Portugal.

Our aim is to evaluate Pasteurian influence on the foundation of the three labs, the scientific practice the three labs carried out to serve the population and the relation between these three labs and Portuguese sanitary administration.

1.1. The Microbiology Office of the Faculty of Medicine, University of Coimbra

The Microbiology office of Coimbra's Faculty of Medicine was first established in 1882 but was only institutionalised in 1886[5]. It was the first establishment of this kind to be founded in Portugal[6]. In the academic year 1882-83, Augusto Rocha, Professor of General Pathology, started teaching bacteriology in his chair, following other European models that added bacteriology to pathology, hygiene and medical practice chairs. Augusto Rocha was totally aware that bacteriological studies were indispensable in the instruction of doctors. His pioneering initiative in Portugal had to face difficulties in creating a specific lab to the teaching of bacteriology. Augusto Rocha, contrarily to other professors, believed that bacteriology teaching should have a strong practical component. At first, practice was carried out in the Histology Lab of the Faculty of Medicine. In 1883 and 1884 several sums were asked to the Faculty of Medicine Council and other institutions[7] to start the acquisition of elementary lab material. However, the lab's institutionalisation was difficult because there was strong divergence concerning the conditions of its functioning and the curricular imposition

---

[5] See Ana Leonor Pereira; João Rui Pita, «A 'nave' dos micróbios na Universidade de Coimbra». In: *Património Cultural em Análise (Actas do Encontro Nacional)*, Coimbra, GAAC, 1998, pp. 113-127.

[6] Charles Lepierre, *Laboratoire de microbiologie et de chimie biologique. Notice historique*, Coimbra, Imprimerie de l'Université, 1906, p. 4.

[7] See Charles Lepierre, *Laboratoire de microbiologie et de chimie biologique. Notice historique, ob.cit.*, p. 5-6; Augusto Rocha, «Documentos para a historia de um futuro Gabinete de bacterioscopia na Faculdade de Medicina», *Coimbra Médica*, 6 (11) Jun. 1886, p. 169.

22

of bacteriology teaching in the medical degree[8]. In 1886, the Microbiology Office was institutionalised with weak economic resources[9], Augusto Rocha being its first director. He kept this office until 1892 when he was replaced by professor Luís Pereira da Costa[10]. In 1911 microbiology became an autonomous subject of the medical degree with the introduction of *Bacteriology and Parasitology* chairs.

Augusto Rocha made several scientific expeditions to Paris, Amsterdam, Berlin, Brussels and Vienna. He visited microbiological labs, namely Pasteur's and Koch's[11], with the purpose of adequately equipping the University of Coimbra's lab and keeping it up-to-date.

From 1882 to 1902, the lab was called Microbiology Office. In 1890, this lab started having its own facilities. In 1902 its name changed to Microbiology and Biological Chemistry Lab because a new area, that of biological chemistry, had emerged. This was especially due to the effort of the French scientist Charles Lepierre, who made his career in Portugal after 1888. Up to 1911, Charles Lepierre worked in Coimbra, then he moved to Lisbon, where he died in 1945. His influence was decisive in the diffusion of Pasteurian science in Portugal[12].

At first, the Microbiology office had the following functions: practical teaching of bacteriology and parasitology; microbiological and serologic analysis; preparation of vaccines to Coimbra's University Hospitals; hydrologic analysis to Coimbra's waters; analysis to meat of public consumption that came from the municipal slaughter-house; carrying out research work. Besides all this, Augusto Rocha had the diffusion of rabies vaccine in mind, according to the Pasteurian method[13].

The first work carried out in the Microbiology Office, a scientific article, was Filomeno da Câmara and Augusto Rocha's responsibility. It was entitled *Investigação do «Bacillus Typhicus» nas Aguas potaveis de Coimbra* and was published in several parts in the magazine *Coimbra Médica*[14]. It was carried out at Coimbra Civil Government request.

---

[8] Actas das Sessões da Faculdade de Medicina. See: Acta de 7 de Julho de 1885. A.U.C. - 1ªD-3-1-91- -Livro, fl. 124 vº-125; Acta de 12 de Dezembro de 1883. In: Actas da Faculdade de Medicina, 1878-1886, p. 84. A.U.C. - 1ª D-3-1-91 - Livro. See Augusto Rocha, «Documentos para a historia de um futuro Gabinete de bacterioscopia na Faculdade de Medicina», *art. cit.,* pp. 168-169.

[9] Ibid, p. 186.

[10] Augusto Rocha left the direction of the lab because he became professor of a different subject.

[11] See Acta da Sessão Extraordinária de 22 de Fevereiro de 1890. A.U.C. - 1ª D-3-1-92 - Livro, fls. 61vº - 62.

[12] See Ana Leonor Pereira; João Rui Pita, «Charles Lepierre au Portugal (1867-1945). Son influence décisive sur la santé publique, sur la chimie et sur la microbiologie», *Revue d'Histoire de la Pharmacie*, Paris, 328, 2000, pp. 463-470.

[13] See Augusto Rocha, «A raiva», *Coimbra Médica*, 7(2) 1887, pp. 28-29.

[14] See Filomeno da Câmara Melo Cabral; Augusto Rocha , «Investigação do 'Baccillus Typhicus' nas aguas potaveis de Coimbra», *Coimbra Médica*, 7(18)1887, pp. 277-283; 7(19)1887, pp. 293-296; 7(20)1887, pp. 309-316; 7(21)1887, pp. 325-331; 7(22)1887, pp. 341-347; 7(23)1887, pp. 363-365; 7(24)1887, pp. 377-379; 8(1)1888, pp. 6-9; 8 (2) 1888, pp. 35-38; 8(3)1888, pp. 49-51; 8(5)1888, pp. 82-86; 8(6)1888, pp. 93-98; 8(10)1888, pp. 157-163; 8(17)1888, pp. 269-171; 8(21)1888, pp. 336; 9(1)1889, pp. 12-14.

Besides Augusto Rocha and Filomeno da Câmara, other authors carried out work in the Microbiology Office during the first twenty-five years, such as: Luís Pereira da Costa, Virgílio Poiares, Vieira de Campos, António Cagigal, Angelo da Fonseca, António de Pádua, Nogueira Lobo, Marques dos Santos, Álvaro Matos, Geraldino Brites and Sérgio Calisto. Among these, there is an author that stands out — the French chemical engineer mentioned above, Charles Lepierre. His name stands out due to the amount and importance of work carried out especially in the field of microbiological analysis applied to public health. Much of the work made in this lab had fundamental interest to public health. Research work in this lab fed the constant tutelary presence of Pasteur's scientific spirit – the «most glorious figure of France»[15] and «wonderful genius»[16] in Augusto Rocha's words.

1.2. Municipal Chemistry Lab of Oporto

The Municipal Chemistry Lab of Oporto was created in 1884, although the process of its establishment had started in 1882, with the engagement of Correia de Barros, the city's Mayor. The main objective of that Lab was the analysis to suspect food items. According to its rules, analyses to other products were also possible but only with permission of the one responsible for the lab. Analysis could be carried out either at private or official level, following the population's request. In that case, the fees charged would be low.

The prestigious chemist A. J. Ferreira da Silva was chosen to direct the Lab. In 1883 he went to Paris to learn how to equip it. Ferreira da Silva was Professor in the Polytechnic School until 1911 and then in the Faculty of Science of the University of Oporto, and he left a vast work in the field of chemistry applied to public health or «hygienic chemistry», according to the expression used at the time.

The good organisation of the lab and the quality of the analyses made there were reflected in the image of the city of Oporto, which became more and more identified with the following motto: »economic and material progress of peoples is entirely related to the fervent worship of experimental science»[17].

In 1907 Oporto City Hall decided to extinguish the Chemistry Lab. This measure provoked polemics and the disagreement of many Portuguese scientific and professional institutions. The decision was justified by the economic untenability of the Chemistry Lab.

For approximately twenty years, the Municipal Chemistry Lab of Oporto exerted its activity defending the interests of private and public health, carrying out 10.487 analyses, divided as follows: analyses of food items (7.726); analyses of application to medicine (1.501); analyses of industrial and commercial products (531); toxicological analyses (282); analyses of medicines (240); diverse analyses (174); analyses of manure

---

[15] See Augusto Rocha, «A raiva», *Coimbra Médica*, 7 (2) 1887, p. 28.

[16] See Augusto Rocha, «A raiva», *Coimbra Médica*, 7 (2) 1887, p. 29

[17] See *Revista de Chimica Pura e Applicada*, 3 (8) 1907, p. 370.

and soils (33)[18]. Analyses of food items accounted for more than 70% of the analyses carried out, according to the primary aims of the lab.

In the Municipal Chemistry Lab of Oporto, pioneering analyses were carried out in the field of public health in Portugal, and it is important to emphasize that many of these analyses had direct consequences on Portuguese economy. For example: analyses of wine, namely Porto wine, which represented an important economic value and constituted an immeasurable socio-cultural good of Portugal's identification. There are other examples – fire-water, olive oil, milk, salt, etc. –, also valuable within the general frame of Portuguese economy and public health.

1.3. Bacteriological Institute of Lisbon

The Bacteriological Institute of Lisbon was founded by Decree on the 29th December 1892. Its creation was based on the need of an official scientific establishment of microbiological analyses in Portugal, which would follow Pasteurian scientific rules. Progress made in France in the field of microbiology through Pasteur, like vaccination against rabies, gave other countries optimistic reasons to invest in bacteriological labs. This accounts for what happened in Portugal as well. Since the diffusion of rabies vaccine, several Portuguese doctors and scientists became interested in this breakthrough. Some of them went to Paris to deepen their knowledge on this question. Not everyone agreed about the high value of Pasteur's breakthroughs. For example, Eduardo Burnay and Eduardo Abreu, two prestigious Portuguese physicians defended different positions, the latest being very sceptical as far as the rabies vaccine was concerned. Therefore, the rulers decided to solicit the *Medical Science Society* a report on this subject. For roughly five months this subject was discussed in the medical Society. Among several positions in favour of Pasteurian vaccination, the opinions of two famous doctors stand out: Sousa Martins and Miguel Bombarda's. In a session on the 6th August 1887, the *Medical Science Society of Lisbon*, through Miguel Bombarda's report, defended the creation of a Bacteriological Institute in Lisbon, dedicated to anti-rabies vaccination and to other functions. The Portuguese medical scientist Luís Câmara Pestana had a decisive role in the creation of the Bacteriological Institute of Lisbon[19]. In 1891, with a scholarship conceded by the Government, Câmara Pestana did training in Germany and in Paris. In the French capital, he had contacts with Émil Roux, which were essential to his scientific instruction. The Bacteriological Institute of Lisbon had its facilities in a small space of S. José Hospital and in 1896 the construction of a new building started. The Government had assumed the objective of equipping the country with a Pasteurian lab like other countries were doing. Queen Amélia assumed the responsibility for the Institute's construction, and the medical scientist

---

[18] See «A extincção do Laboratorio Municipal», *Revista de Chimica Pura e Applicada*, 3(6)1907, p. 211.

[19] See João Rui Pita; Ana Leonor Pereira; Ricardo Gonçalves, «Câmara Pestana: figura internacional da microbiologia». In: *Actas da Reunião Internacional de História da Medicina, Lisboa, 11 a 13 de Outubro de 2001, ob. cit.,* pp. 242-243; Ana Leonor Pereira; João Rui Pita; Ricardo Gonçalves, «Curar e prevenir: ciência, técnica e arte. O exemplo de Câmara Pestana». In: *Actas da Reunião Internacional de História da Medicina, Lisboa, 11 a 13 de Outubro de 2001, ob. cit.,* pp. 249-250.

Câmara Pestana became her most active adviser. The new building was located in Lisbon city centre, close to S. José Hospital and the Medico-surgical School. It was projected by architect Romano Folque, after having consulted the French scientist Émile Roux, and it was built under Xavier da Silva's direction; it was composed of seven buildings, including the Lab, Rabies Hospital and Diphtheria Hospital. The Bacteriological Institute had the mission of carrying out the analyses solicited by the Government, the Medico-surgical School of Lisbon and S. José Royal Hospital. The new building was inaugurated in 1900. Câmara Pestana had died the previous year, a victim of plague epidemics that occurred in the city of Oporto and was exemplarily studied and fought[20]. Câmara Pestana was one of the many martyrs of science since he lost his life researching on the causes of epidemics in the city of Oporto in the proper places. The Bacteriological Institute was named after Câmara Pestana in homage to its first director, who was also a martyr of science.

Bacteriological studies on the waters that supplied the city of Lisbon were a priority. In fact, innumerable studies were carried out on this issue.

The Bacteriological Institute Câmara Pestana has had an important role as a lab of public health and bacteriology centre for the last 100 years. Up to the present day, the Institute has developed fundamental actions in the field of public health, particularly in the areas of diphtheria, rabies, carbuncles, clinical microbiology and verification of biological products. It educated several generations of microbiologists attentive to scientific innovation and linked to other centres abroad, through trainings, etc. It is possible to say that the Bacteriological Institute Câmara Pestana has been a school of scientific research at international level since its beginning.

2. The magazine *A Illustração*

From 1884 to 1892 the magazine *A Illustração* was published. It was a Portuguese fortnightly magazine of political, cultural and scientific news, printed in Paris, in the Portuguese language, edited by a Portuguese man — Mariano Pina. Up to 1890 it had its editorial office in Paris and then in Lisbon[21]. This was the illustrated magazine in the Portuguese language of biggest circulation in Portugal and Brazil (15.000 copies), and it followed the model of some European newspapers like *Le Monde Illustré*, *Illlustration*, *Graphic*, *Illustrated London News* and *Illustrirte Zeitung*. Portuguese artists of the last quarter of the 19th century were collaborators in this magazine[22] and texts of Portuguese prestigious authors were published in the literary anthology[23].

---

[20] See Ana Leonor Pereira, «Novas sensibilidades científico-culturais em Portugal na aurora do séc. xx». In: *Estudos de história contemporânea portuguesa. Homenagem ao Professor Vítor de Sá*, Lisboa, Livros Horizonte, 1991, pp. 421-431.

[21] See Ana Leonor Pereira; João Rui Pita, «La publicité pharmaceutique, médicale et cosmétique dans la revue *A Illustração*», *Revue d'Histoire de la Pharmacie*, Paris, 309, 1996, pp. 159-168.

[22] For example: Antero de Quental, Columbano, Conde Ficalho, Eça de Queirós, Fialho de Almeida, Ramalho Ortigão, Guerra Junqueiro, Cesário Verde, António Feijó, Oliveira Martins, Rafael Bordallo Pinheiro e Teófilo Braga.

[23] For example: Camões, João de Deus, Bocage, Nicolau Tolentino, Gonçalves Crespo, etc.

The number of pages dedicated to the diffusion of cultural, political, scientific and technical work in France emphasizes the quality of this magazine and, at the same time, it testifies the paradigmatic value of France to Portugal. As far as scientific questions are concerned, we realise that the magazine gave French scientific diffusion a special place. In fact, French scientific production justified its regular diffusion among the scientific community and the public in general. The magazine *A Illustração* also presented the gallery of French and European scientists to the Portuguese public, with a special emphasis on Pasteur's life and work. Pasteur was »the big hero of the time» and France was »among all the nations in the world, the most beautiful and respectable for its great work of spirit". Several articles presented the progress of Pasteurian research and the benefits that Pasteur's breakthroughs brought to Humanity. There are also reports on visits of foreign researchers to Paris in order to verify the value of Pasteurian results. *A Illustração* never doubted of Pasteur's work. It always tried to show the benefits of his work, diffusing well succeeded news and testimonies. For example, it reported the case of a group of Portuguese sick people attacked by rabies, who went to Pasteur's Lab and were very happy with the assistance paid there.

To emphasize the impact of French science in Portugal even further, it must be pointed out that many questions of public health were approached having French reality as a point of departure. Every time the magazine approached the theme of cholera epidemics, it took French experience as a point of departure, for example, cholera in Paris, in Toulon, in Marseille and in the Franco-Italian border.

Private hygiene associated to cosmetics received a treatment similar to that of public hygiene. Therefore, the reader had regular access to a vast thematic diversity that included particularly: tuberculosis, water microbes, typhoid fever microbe, the sanitary state of the main cities in Europe, hygiene in dwellings, graves and cremations, congresses on hygiene and demography, alcoholism, yellow fever, leprosy epidemics, scarlet fever, children's hygiene, food falsifications, labour hygiene, excess of population, hair hygiene, sea baths, ladies' hairdressing, baldness, depilatories, female beauty, etc..

Also in the field of advertising, *A Illustração* elected France as a model to be followed. Almost all ads concerned products of French origin and their publishing followed what was being practised by French magazines and newspapers, which were in harmony with the great medical, hygienic and cosmetic concerns of the last quarter of the 19th century. In every number, *A Illustração* kept considerable place for advertising. From a whole of 3.588 advertisements, 1.802 were related to cosmetics and products of body hygiene, 1.233 were related to medicines, minero-medicinal waters and food items, and the other 553 advertisements were related to several articles.

The magazine *A Illustração* had a relevant function in diffusing and educating about scientific hygiene, i.e., lab hygiene articulated with the progress verified mainly in the fields of analytic chemistry and microbiology. Considering the great spread of contagious diseases like cholera and tuberculosis at the end of the 19th century, widely announced in the magazine, it is not surprising that the medicines the most advertised for were meant to struggle against physical debility and respiratory affections.

Advertisements to cosmetics and products of body hygiene were in harmony with the dominant concept of beauty and contributed to define that same concept, namely in defending fair skin as the attainable ideal of female beauty. Private hygiene was not only synonymous to washed and healthy body. Associated to cosmetics, private hygiene soon acquired social and communicational importance, i.e., it imposed itself as a language that has become more and more complex according to age and gender.

Conclusion

Both within an institutional frame and a frame of scientific practice, Portugal followed the French scientific model, and this can be illustrated by the reception of Pasteurian science in Portugal. This reception of Pasteur was not exclusive to the Portuguese case. It happened everywhere and all over the world, which is normal if we bear in mind the unique place occupied by Pasteur in the universal history of science.

However, by following the French style of scientific diffusion and public education within the journalistic frame, Portugal shows deep cultural affinity with France.

This interesting scientific-cultural way of being is understandable in the light of the compared history of both countries.

João Rui Pita
Faculdade de Farmácia e CEIS20, Universidade de Coimbra, Portugal

Dos manipulados à indústria dos medicamentos: ciência e profissão farmacêutica em Portugal (1836-1921)

1. Introdução

Galeno, figura capital da história da medicina e da história da farmácia, viveu entre 131 e 200 d.C.. As inovações que comunicou ao domínio da farmácia fizeram dele autêntico Pai da farmácia. Hipócrates e Galeno são vulgarmente considerados os dois nomes maiores do vasto campo da história da medicina e do medicamento da Antiguidade.

O galenismo, mais ou menos adaptado com novas orientações e práticas científicas manteve-se até ao século XVIII; em Portugal, justamente até finais do século XVIII. A viragem fulcral na história das ciências da saúde que remeteram o galenismo para o domínio do obsoleto foi dada decididamente nos finais do século XVIII. Até então o galenismo vigorou mesmo com os ataques que lhe foram desferidos, por exemplo, pela «nova» anatomia de Vesálio, pela descoberta da circulação do sangue preconizada por Harvey, pela medicação química de Paracelso, pela emergência da iatroquímica e da iatromecânica, pela chegada das drogas americanas, etc.

É justamente quando as doutrinas galénico-hipocráticas se mostram insuficientes para explicar o organismo, a saúde, a doença e as terapêuticas medicamentosas que a tradição galénica é derrubada no panorama científico vigente. Mas o afastamento das doutrinas galénicas não pretendem desvalorizar o elevado valor do galenismo e da obra galénica. Por isso, a farmácia, enquanto ciência e enquanto profissão deve ser considerada como herdeira do mestre de Pérgamo – Galeno.

Nos finais do século XVIII, a revolução química lavoisieriana, o aparecimento da primeira terapêutica preventiva difundida com segurança (a vacinação contra a varíola), a intromissão da classificação lineana nas drogas de interesse medicinal, a emergência da higiene pública, etc. influenciaram de modo capital a afirmação da ciência farmacêutica e da profissão farmacêutica e abriram as portas à «revolução terapêutica»[1] que

---

[1] Cf. F. J. Puerto Sarmiento, *El mito de Panacea. Compendio de Historia de la Terapéutica y de la Farmacia*, Madrid, Ediciones Doce Calles, 1997, p. 553.

em pleno «século de explosões científicas»[2], o século XIX, proporcionou profundas mudanças. Foi no decurso do século XIX que «se conheceu pela primeira vez a causa certa de algumas doenças, isolou-se grande quantidade de princípios activos e prepararam-se medicamentos seguros e eficazes de acção etiológica e não sintomática»[3].

De modo muito resumido pode então dizer-se que a partir de finais do século XVIII e no decurso do século XIX «a farmácia se cientificou e aumentou o seu grau de laboratorialização, tal como a medicina articulou a metodologia das ciências laboratoriais com o laboratório médico e a clínica. O rigor quantitativo de ciências como a física e a química passou a estar presente no quotidiano do trabalho farmacêutico»[4]. No decurso do século XIX, dois instrumentos vulgarizam-se no trabalho laboratorial e mostram-se fundamentais no avanço da farmácia: a balança e o microscópio[5]. As doutrinas médicas e farmacêuticas globalizantes como o galenismo e como também o foram, embora com menor permanência no tempo, a iatroquímica e a iatromecânica, deixam de fazer sentido, passando a saúde e a doença do corpo humano a ter uma abordagem sectorial e quantificável, na medida em que «a conversão da patologia numa verdadeira ciência foi o objectivo principal dos clínicos da época»[6], para utilizar as palavras de Laín Entralgo. Muito logicamente, estas alterações provocaram novas orientações na terapêutica medicamentosa e na própria ideia de medicamento.

Foram fundamentais para a farmácia os avanços que se operaram nos domínios de ciências como a química, a fisiologia, a biologia, a botânica, a bacteriologia, a parasitologia, entre muitas áreas que podiam ser referidas, tendo sido, também do maior significado farmacêutico as inovações introduzidas no plano institucional porque o desenvolvimento técnico e científico assim o exigia: neste domínio temos a fundação das Escolas/Faculdades de Farmácia, a institucionalização de laboratórios de fisiologia, de microbiologia, de higiene, de indústrias farmacêuticas, indústrias cosméticas, etc.[7].

De seguida veremos como em Portugal a farmácia, enquanto ciência e profissão, recebeu as inovações provenientes do estrangeiro e como reproduz essa nova ordem de

---

[2] A expressão «século de explosões científicas» foi utilizada para caracterizar o século XIX por René Taton (Cf. René Taton, *Histoire générale des sciences,* 2ª ed., vol. 3, *La science contemporaine,* Paris, Presses Universitaires de France, 1981, p. 1) e por Ana Leonor Pereira e João Rui Pita em «Ciências». In: José Mattoso (dir.), *História de Portugal,* vol. 5, O Liberalismo (1807-1890), Coordenadores: Luís Reis Torgal; João Lourenço Roque, Círculo de Leitores, 1993, pp. 652-667.

[3] F. J. Puerto Sarmiento, *El mito de Panacea. Compendio de Historia de la Terapéutica y de la Farmacia, ob. cit.,* p. 553.

[4] João Rui Pita, «A farmácia em Portugal: de 1836 a 1921. Introdução à sua história. Parte I. Ensino farmacêutico e saúde pública – formação e actividade dos farmacêuticos portugueses», *Revista Portuguesa de Farmácia,* 49(1)Jan.-Mar., 1999, p. 11.

[5] Cf. Ana Leonor Pereira e João Rui Pita em «Ciências». In: José Mattoso (dir.), *História de Portugal,* vol. 5, *ob. cit.,* pp. 652-667.

[6] Cf. P. Laín Entralgo, *Historia de la medicina,* Barcelona, Salvat Editores, 1989, p. 464. Na segunda metade do século XIX e nos primeiros anos do século XX assiste-se à coexistência das três mentalidades que caracterizam o pensamento médico do positivismo: a mentalidade anatomoclínica, a mentalidade fisiopatológica e a mentalidade etiopatológica (Cf. Idem, *ibidem,* p. 465 e ss.). Vide, também, João Rui Pita, *História da Farmácia,* 2ª ed.,Coimbra. Minerva, 2000, p. 193 e ss.

[7] João Rui Pita, *História da farmácia, ob. cit.,* p. 207 e ss.

saberes. Por isso, abordaremos o problema de acordo com duas vertentes: a formação científica e o saber científico, por um lado; por outro lado, o exercício profissional farmacêutico.

2. A formação científica do farmacêutico e a ciência farmacêutica

Estudámos de modo exaustivo o problema da ciência farmacêutica e da formação de boticários nos finais do século xviii na Universidade de Coimbra, no Dispensatório Farmacêutico[8]. Concluímos que a farmácia enquanto ciência integrava o rol das disciplinas médicas e que enquanto profissão apresentava as suas especificidades devendo ser exercida por boticários. Por isso não era de estranhar que o plano de estudos em medicina da reforma pombalina da Universidade (1772) congregasse uma disciplina de Matéria Médica e de Farmácia, ou seja, uma disciplina vocacionada para o estudo das matérias-primas necessárias à produção medicamentosa e do seu modo operatório. A execução prática da preparação medicamentosa estava a cargo do boticário, tal como a cirurgia estava a cargo do cirurgião. Os médicos deveriam saber os fundamentos das drogas necessárias à preparação medicamentosa, deveriam saber, também, os fundamentos das técnicas operatórias e das formas farmacêuticas, mas não eram os executantes das operações. Esse trabalho manual, mecânico estava a cargo de profissionais — os boticários — que deveriam unicamente saber manipular. Não era necessário o domínio da teoria para levar a bom termo a sua tarefa.

O aumento da especificidade da farmácia, sobretudo após a revolução química lavoisieriana, a penetração da química em moldes científicos na preparação medicamentosa, a introdução de técnicas operatórias de química na preparação medicamentosa, o isolamento de substâncias activas, o desenvolvimento da química orgânica, o surgimento de novas formas farmacêuticas, em suma, a transformação da arte farmacêutica em ciência farmacêutica levaram a que o problema científico e profissional da farmácia começasse a ser equacionado em Portugal de um outro modo. Ou seja, inicia-se um processo de reconhecimento por parte dos próprios boticários, embora nem sempre em posição convergente, e de outros cientistas e profissionais como, por exemplo, médicos e químicos, de que a farmácia não era mais uma arte mas sim uma ciência. O qualitativo passa a ceder terreno ao quantitativo; a farmácia cientifica-se. A botica deixa de ser encarada como um estabelecimento de venda de drogas e de medicamentos produzidos de acordo com farmacopeias atravessadas com a magia alquímica ou com o rigor de sistemas de medida como os grãos, as mãos cheias ou as onças. Isto é: o rigor do microscópio e da balança penetra na botica e esta transforma-se em farmácia. O boticário dá lugar ao farmacêutico. Este processo nem sempre foi isento de atritos, de divergências e desentendimentos. A formação do farmacêutico necessitava de acompanhar este estado de coisas. A formação pela prática concedida pela reforma pombalina da Universidade ou a via alternativa de prática profissional proveniente desde os finais do século xvi mostrava-se insuficiente. O trajecto de formação científica

[8] Cf., por exemplo, João Rui Pita, *Farmácia, medicina e saúde pública em Portugal (1772-1836)*, Coimbra, Livraria Minerva, 1996.

dos farmacêuticos portugueses após a reforma pombalina e até 1921 é o tempo que medeia entre a fundação das Escolas de Farmácia (1836) e a fundação das Faculdades de Farmácia (1921).

2.1. Da fundação das Escolas de Farmácia (1836) à fundação das Faculdades de Farmácia (1921): aprender a fazer medicamentos para cuidar do corpo

Não pretendemos fazer neste artigo um historial do ensino farmacêutico em Portugal. Apenas nos reteremos nalguns aspectos mais relevantes da formação dos farmacêuticos no nosso país[9].

Em 1836, o Decreto de 5 de Dezembro[10], que reorganizou o ensino na Universidade de Coimbra, fundou a Escola de Farmácia. No mesmo ano, o Decreto de 29 de Dezembro([11]), também enquadrado nas reformas de ensino operadas por Passos Manuel([12]), reformou as Escolas de Cirurgia de Lisboa e do Porto, já existentes, instituindo as Escolas Médico-Cirúrgicas, tendo fundado em anexo as Escolas de Farmácia de Lisboa e do Porto. Pela primeira vez surge na história da farmácia portuguesa o ensino organizado em Escolas e comum a Lisboa, ao Porto e a Coimbra. Deve destacar-se, contudo, que a Escola de Farmácia de Coimbra surge na sequência de uma reorganização do curso farmacêutico proveniente da reforma pombalina da Universidade de Coimbra, em 1772 e que, desse modo, proporcionava uma formação específica de boticários entre muros da Universidade[13]. Tratava-se de um ensino que não era conducente à obtenção de qualquer grau académico (como acontecia, por exemplo,

---

[9] Para uma síntese das reformas do ensino farmacêutico em Portugal vide: João Rui Pita, «A farmácia em Portugal: de 1836 a 1921. Introdução à sua história. Parte I. Ensino farmacêutico e saúde pública – formação e actividade dos farmacêuticos portugueses», *art. cit.*, p. 11 e ss.

[10] «Decreto de 5 de Dezembro». In: *Diário do Governo*, nº 293, 10 de Dezembro de 1836, pp. 1369--1371. O mesmo diploma institui uma reforma do ensino da medicina na Faculdade de Medicina da Universidade de Coimbra e, ainda, a reforma da Faculdade de Filosofia. Na Faculdade de Medicina deve destacar-se a existência no curso da 4ª cadeira: «História Natural Médica, Matéria Médica, Química Médica e Farmácia».

[11] «Decreto de 29 de Dezembro». In: *Diário do Governo*, nº 3, 4 de Janeiro de 1837, pp. 9-11. Diz-se no texto introdutório deste diploma que «atendendo a que as Escolas de Cirurgia de Lisboa e do Porto, destinadas especialmente a formar uma classe de Facultativos tão necessária, e importante, podem ser melhoradas não só com proveito do Ensino Público, mas com grande utilidade dos Hospitais de ambas as Cidades». Deve destacar-se que no terceiro ano do curso a existência da 3ª cadeira designada por «História Natural dos Medicamentos, Matéria Médica e Farmácia».

[12] Sugere-se a consulta de Rómulo de Carvalho, *História do Ensino em Portugal. Desde a fundação da nacionalidade até ao fim do regime de Salazar-Caetano*, Lisboa, Fundação Calouste Gulbenkian, 1986, sobretudo pp. 559 e ss.; Luís Reis Torgal, «A Instrução Pública». In: José Mattoso (dir.), *História de Portugal*, vol. 5, O Liberalismo (1807-1890), Coord.: Luís Reis Torgal; João Lourenço Roque, Círculo de Leitores, 1993, pp. 609-651.

[13] Sobre o ensino farmacêutico na reforma pombalina da Universidade e sua projecção no ensino da farmácia em Portugal, vide: João Rui Pita, *A Farmácia na Universidade de Coimbra (1772-1836). Ciência, ensino e produção de medicamentos no Dispensatório Farmacêutico*, 3 vols., *ob. cit.*. Esta dissertação foi adaptada em livro sob o título: *Farmácia, medicina e saúde pública em Portugal (1772-1836)*, Coimbra, Livraria Minerva, 1996; veja-se, sobretudo, pp. 37-168.

nas diferentes Faculdades da Universidade de Coimbra) e que estava dependente da Faculdade de Medicina da Universidade de Coimbra e das Escolas Médico-Cirúrgicas de Lisboa e do Porto.

Deve salientar-se que através da Portaria de 18 de Novembro de 1836[14] foram suspensos os exames de farmácia executados pelo físico-mor, colocando termo a um regime cuja origem remonta ao século XVI. Para a farmácia esta extinção revestiu-se de um interesse capital uma vez que, a partir de então, o acesso à profissão farmacêutica passava, necessariamente, por uma habilitação concedida por uma das três Escolas de Farmácia do país: de Coimbra, de Lisboa e do Porto.

Contudo, deve salientar-se que, apesar da existência de um regime regular de formação nas Escolas de Farmácia, em Coimbra um pouco diferente de Lisboa e do Porto, com matérias teóricas e práticas, com especial incidência na química e na técnica farmacêutica, e alguns conhecimentos do domínio da botânica, da zoologia, da física e da mineralogia, continuou a existir uma dupla via para o acesso à profissão conducente ao aparecimento de farmacêuticos de 1ª classe e de farmacêuticos de 2ª classe. Os de 1ª classe eram os farmacêuticos habilitados depois de terem frequentado regularmente as Escolas de Farmácia. Os farmacêuticos de 2ª classe eram todos os que tivessem praticado farmácia durante oito anos numa farmácia de reconhecida competência, tendo sido depois sujeitos a exame final de habilitação nas Escolas de Farmácia. Ambos eram farmacêuticos pelas Escolas de Farmácia e ambos podiam exercer a profissão do mesmo modo. Este estado de coisas, isto é, a existência de duas classes de farmacêuticos não era uma questão pacífica e bem entendida no seio da classe pois havia divergências de opinião entre farmacêuticos: alguns defendiam que esta dupla via de acesso permitia uma melhor cobertura sanitária da população e que facilitava o acesso à obtenção do título profissional; outros farmacêuticos achavam desprestigiante a existência de duas vias paralelas, sendo uma delas uma via destituída de fundamentos científicos que só uma escola poderia assegurar. Em diversos periódicos da época como, por exemplo, a *Gazeta de Pharmacia*, a *Revista Chimico-Pharmaceutica*, o *Boletim Pharmaceutico* e o *Jornal da Sociedade Pharmaceutica Lusitana* encontram-se plasmadas diversas polémicas e opiniões antagónicas sobre este problema[15].

O ensino farmacêutico manteve-se em moldes semelhantes ao que foi instituído em 1836 até 1902. Foram quase sete décadas de fortes movimentações e de acesas polémicas em torno da formação dos farmacêuticos em Portugal. Várias opiniões, tantas vezes divergentes, marcam as discussões em torno do ensino farmacêutico. Contudo, um aspecto é inegável: a facilidade de acesso à profissão por parte dos farmacêuticos de 2ª classe, pois estes constituíam a maioria dos farmacêuticos portugueses, chegou

---

[14] Cf. Portaria de 18 de Novembro de 1836. In: M.D. Tello da Fonseca, *História da Farmácia portuguesa através da sua legislação*, vol. 2, Porto, Empresa Ind. Gráfica do Porto, 1936, p. 73. Na Portaria inscreve-se o seguinte: «Manda Sua Majestade a Rainha, pela Secretaria d'Estado dos Negócios do Reino, que o Conselheiro Físico-Mor do Reino, suspenda, e faça suspender pelos seus Delegados os exames de Boticários e Farmacêuticos até nova ordem da Mesma Augusta Senhora – Palácio das Necessidades, em 18 de Novembro de 1836 = Manoel da Silva Passos».

[15] Cf. Informações mais completas em João Rui Pita, «A farmácia em Portugal: de 1836 a 1921. Introdução à sua história. Parte I. Ensino farmacêutico e saúde pública – formação e actividade dos farmacêuticos portugueses», *art. cit.*, p. 12 e ss.

a ser entendida como a responsável pelo elevado número de farmacêuticos existentes no nosso país, muito superior ao que se passava em diversos países da Europa, e, nesta medida, pelo desprestigio e pelo mau exercício da profissão nos casos em que este existia.

Em 1902 uma nova reforma de estudos alterou de forma radical o ensino da farmácia no nosso país. A Carta de Lei de 19 de Julho de 1902[16] reorganizou o ensino da farmácia nas três Escolas do país que ficaram com ensino idêntico. A partir de então o ensino passou a ser considerado superior. A reforma não se limitou a alterar algumas disciplinas ou a rever a condição do curso: alterou-o de forma marcante e essas modificações reflectem a própria ideia de farmácia e de farmacêutico, uma ideia marcadamente química e pela primeira vez de reconhecido valor de interesse sanitário público. As alterações que se operaram no curso de farmácia em Portugal pretenderam, então, dar resposta à situação que se vivia no que dizia respeito ao ensino da farmácia, muito marcadamente a existência das duas classes de farmacêuticos e o modo como se fazia o acesso à profissão por parte de farmacêuticos de 2ª classe. O curso comportava um total de dois anos: no 1º ano encontravam-se as disciplinas de: 1ª cadeira — História Natural das Drogas. Posologia; 2ª cadeira — Farmácia Química, Análises Microscópicas e Químicas Aplicadas à Medicina e à Farmácia; no 2º ano existiam outras duas cadeiras: 3ª cadeira — Farmacotecnia, Esterilizações e prática no Laboratório Farmacêutico; 4ª cadeira — Análises Toxicológicas, Química Legal, Alterações e Falsificações de Medicamentos e Alimentos. Foi instituído, também, um «curso auxiliar» de Deontologia e Legislação Farmacêutica que mais tarde haveria de ser integrado como disciplina fundamental. Pela primeira vez na história do ensino farmacêutico houve, com a reforma de 1902, um plano de estudos com disciplinas bem definidas, com exames por cadeira e um exame final e para entrada no curso de farmácia impunha-se um regime próprio de habilitações de ingresso[17]. Um aspecto que gerou polémica no seio da comunidade farmacêutica foi o selo das especialidades farmacêuticas que servia para suportar o ensino da farmácia. Sobre este assunto muito se escreveu e as opiniões eram convergentes: era da competência do Estado financiar o ensino farmacêutico e não da própria comunidade farmacêutica, como aconteceu com a reforma de 1902. Basta, por exemplo, ler artigos insertos nos periódicos que atrás referimos para nos apercebermos deste problema[18].

---

[16] Cf. Carta de Lei de 19 de Julho de 1902. In: M. D. Tello da Fonseca, *História da Farmácia portuguesa através da sua legislação*, vol. 2, *ob. cit.*, pp. 191-197. Através desta Carta de Lei lançava-se, também, o imposto sobre as especialidades farmacêuticas que permitia o financiamento do ensino da farmácia. Em 27 de Novembro de 1902 foi publicado o Regulamento da Carta de Lei de 19 de Julho de 1902 (In: M. D. Tello da Fonseca, *História da Farmácia portuguesa através da sua legislação*, vol. 2, *ob. cit.*, pp. 198-243), rectificado em 20 de Fevereiro de 1903 (In: M. D. Tello da Fonseca, *História da Farmácia portuguesa através da sua legislação*, vol. 2, *ob. cit.*, pp. 245-246)

[17] Cf. Art. 6º e Artº 7º da Carta de Lei de 19 de Julho de 1902. In: M. D. Tello da Fonseca, *História da Farmácia portuguesa através da sua legislação*, vol. 2, *ob. cit.*, p. 193. Através desta Carta de Lei consagrava-se, também, a possibilidade de existência de habilitação de ingresso para o ensino farmacêutico sustentado no exercício profissional.

[18] Vide sobre este assunto, João Rui Pita, «A farmácia em Portugal: de 1836 a 1921. Introdução à sua história. Parte I. Ensino farmacêutico e saúde pública – formação e actividade dos farmacêuticos portugueses», art. cit., p. 13 e ss.

Sem querer fazer um historial profundo do ensino farmacêutico em Portugal, entre 1902 e 1921, ano da fundação das Faculdade de Farmácia, merecem referência as reformas e alterações de 1911, de 1918 e de 1919. O Decreto de 26 de Maio de 1911[19] reformou o ensino da farmácia. Pela primeira vez o curso de farmácia passou a ser autónomo relativamente à Faculdade de Medicina e deve assinalar-se, também, que neste mesmo ano, foram operadas nas Faculdades de Medicina reformas vultuosas não só na organização da instituição, bem como na organização do próprio saber médico. Com a reforma republicana de 1911, o curso de farmácia passou a ter a duração de quatro anos estando cada ano do curso constituído por diferentes disciplinas, semestrais ou anuais. Reforçou-se a dimensão analítica do curso farmacêutico com vista à actuação do farmacêutico como agente sanitário público e, pela primeira vez, encontramos consagrada na lei o surgimento de uma disciplina obrigatória directamente vocacionada para os problemas éticos e legais do exercício da profissão[20]. Assim encontramos disciplinas como Bacteriologia, Análise Bromatológica, Análise Toxicológica e Química Legal, Química Biológica e Legislação e Deontologia Farmacêuticas que reflectem, justamente, esta vocação sanitária pública da farmácia e sobretudo a competência actuante do farmacêutico.

Antes das alterações operadas em 1919 em que o ensino farmacêutico passou a conceder o grau de licenciado[21], o ensino farmacêutico foi alterado por uma reforma no ano de 1918 determinada pelo Decreto nº 4.653, de 14 de Julho[22] que continuou a divisão do curso em quatro anos. Esta reforma aumentou o número de disciplinas e reforçou, por um lado, a área científica relacionada com o medicamento e, por outro lado, continuou a aumentar a incidência de disciplinas que projectavam a formação farmacêutica para uma vocação sanitária pública. Assim compreende-se o desdobramento da Análise Química em duas disciplinas, do surgimento de disciplinas como

---

[19] Decreto de 26 de Maio de 1911. In: M.D. Tello da Fonseca, *História da Farmácia portuguesa através da sua legislação*, vol. 2, *ob. cit.*, pp. 247-254. O Decreto de 18 de Agosto de 1911 regulamentou o Decreto de 26 de Maio de 1911; Cf. M.D. Tello da Fonseca, *História da Farmácia portuguesa através da sua legislação*, vol. 2, *ob. cit.*, pp. 255-280.

[20] Ver a distribuição das disciplinas pelo curso farmacêutico e uma análise mais aprofundada em João Rui Pita, «A farmácia em Portugal de 1836 a 1921. Introdução à sua história. Parte I. Ensino farmacêutico e saúde pública — formação e actividade dos farmacêuticos portugueses», art. cit., p. 14 e ss..

[21] Cf. Decreto nº 5.463 de 29 de Abril de 1919. In: M. D. Tello da Fonseca, *História da Farmácia portuguesa através da sua legislação*, vol. 2, *ob. cit.*, pp. 293-294. Através deste Decreto alterou-se a redacção dos artigos 23º e 25º do Decreto nº 4.653 de 14 de Julho de 1918, determinando-se que após a aprovação no último exame estava inerente o grau de licenciado, podendo depois realizar requerer exame de Estado para obtenção do diploma de farmacêutico-químico.

[22] Decreto nº 4.653, de 14 de Julho de 1918. In: M. D. Tello da Fonseca, *História da Farmácia portuguesa através da sua legislação*, vol. 2, *ob. cit.*, pp. 281-290. O título profissional obtivo após a aprovação no último exame do curso era o de farmacêutico-químico, tal como acontecia com a reforma de 1911. As disciplinas do curso de farmácia eram as seguintes: 1º ano: Curso Geral de Química; Análise Química Qualitativa; Curso Geral de Botânica; Física Farmacêutica (semestral). 2º ano: Análise Química Quantitativa; Farmácia Química Inorgânica; Criptogamia e Fermentações; Zoologia Farmacêutica; Técnica Farmacêutica (semestral). 3º ano: Farmácia Química Orgânica; Análises Bioquímicas (semestral); Bromatologia e Análises Bromatológicas; História Natural das Drogas; Farmácia Galénica (semestral). 4º ano: Toxicologia e Análises Toxicológicas; Hidrologia; Bacteriologia; Deontologia e Legislação (semestral); Farmácia Galénica.

Análises Bioquímicas, Bromatologia e Análises Bromatológicas, Hidrologia, Toxicologia e Análises Toxicológicas, Técnica Farmacêutica e Farmácia Galénica.

O ciclo de valorização institucional do ensino farmacêutico, da ciência farmacêutica e do alargamento da formação científica do farmacêutico completou-se com a reforma de ensino farmacêutico de 1921[23]. Assim, por Decreto nº 7.238, de 18 de Dezembro de 1921, as três Escolas de Farmácia foram elevadas à condição de Faculdade[24]. Esta elevação surge então, como o terminar lógico, embora, a nosso ver, tardio quando comparado com outros países (por exemplo a França e a Espanha)[25], da emergência da farmácia no quadro das profissões sanitárias e do farmacêutico enquanto especialista do medicamento e, também, como um agente de saúde pública. O curso era idêntico nas três Escolas sendo constituído por quatro anos de curso compreendendo disciplinas idênticas à reforma de 1918. Um dos aspectos mais evidentes desta nova organização do ensino farmacêutico prende-se com a reestruturação da própria instituição de ensino; aqui as modificações são efectivamente relevantes. Através desta reforma as Faculdades de Farmácia portuguesas passaram a conceder, além dos graus conducentes ao exercício da actividade profissional, o grau de doutor em farmácia.

Assim, estavam lançados os dados para uma afirmação científica e profissional da farmácia e do farmacêutico português interrompida abruptamente nos finais dos anos vinte quando as Faculdades de Farmácia de Coimbra e de Lisboa passaram à condição de Escolas com a retirada de regalias inerentes a esta quebra de valor da instituição, um problema novo e que já tinha dado sinais antigos[26].

2.2. Algumas inovações da ciência farmacêutica

No decurso do século XIX e nos primeiros anos do século XX assiste-se a uma autêntica avalanche de inovações científicas, técnicas e institucionais no plano farmacêutico[27].

---

[23] Sobre este assunto temos em publicação um texto intitulado *A Faculdade de Farmácia em 1921* (Em publicação no livro que congrega as conferências do colóquio «O ensino farmacêutico na Universidade de Coimbra, 1921-1996. 75 Anos de Faculdade – Quatro Séculos de História»).

[24] O Decreto nº 7.355 de 29 de Janeiro de 1921 aprovou o Regulamento da Faculdade de Farmácia da Universidade do Porto; o Decreto nº 7.668 de 13 de Agosto de 1921 aprovou o Regulamento da Faculdade de Farmácia de Lisboa; o Decreto nº 7.700, de 5 de Setembro de 1921 aprovou o Regulamento da Faculdade de Farmácia da Universidade de Coimbra (Cf. estes documentos em M. D. Tello da Fonseca, *História da Farmácia portuguesa através da sua legislação*, vol. 2, *ob. cit.*, pp. 295-446).

[25] Cf. René Fabre; Georges Dillemann, *Histoire de la Pharmacie*, Paris, Presses Universitaires de France, 1971, sobretudo pp. 62-79 ; F. Javier Puerto Sarmiento, *El mito de panacea. Compendio de historia de la terapeutica y de la farmacia, ob. cit.*, sobretudo p. 599 e ss .

[26] Cf. João Rui Pita, «A farmácia em Portugal: de 1836 a 1921. Introdução à sua história. Parte I. Ensino farmacêutico e saúde pública – formação e actividade dos farmacêuticos portugueses», *art. cit.*, p. 12 e ss.

[27] Cf. João Rui Pita, «Sanitary normalization in Portugal: pharmacies, pharmacopoeias, medicines and pharmaceutical practices (19th-20th Centuries)». In: ABREU, L. (Ed.) – *European Health and Social Welfare Policies*, Brno, Compostela Group of Universities/Phoenix TN, European Thematic Network on Health and Social Welfare Policies (Prepared in cooperation with the Brno University of Technology-Vutium Press, 2004, pp. 434-453; «História da profissão farmacêutica em Portugal. Alguns problemas e reflexões». In:

Será impossível retratar neste artigo essa autêntica explosão farmacêutica e farmaco-terapêutica[28]. Nos primeiros anos do século XIX isolam-se as primeiras substâncias activas a partir de vegetais, tarefa que continuou ao longo do século; surgem novas matérias-primas para a produção dos medicamentos. Lançam-se as bases da farmacodinamia através dos trabalhos de Von Liebig. Surgem os primeiros laboratórios de farmacologia em função das pesquisas de Mitscherlich, Buchheim, Binz, Schmiedeberg. Desenvolve-se a opoterapia. Erlich lança as bases da moderna terapêutica experimental. Surgem novas formas farmacêuticas como os injectáveis os comprimidos e as cápsulas gelatinosas. São introduzidos novos instrumentos laboratoriais em função da industrialização dos medicamentos. São inventadas novos sistemas de trabalho laboratorial, novas técnicas e novas matérias primas.

Deste modo, a farmácia cientificava-se na medida em que as especificidades da ciência farmacêutica aumentavam. Portugal fez eco destas inovações e reproduziu o que de mais actual se ia fazendo no estrangeiro. Para além do ensino farmacêutico, já referido, outro dos aspectos mais visíveis desta cientificação é a publicação de revistas farmacêuticas portuguesas da época que são espelho destas inovações científicas. Para além de inscreverem textos de autores portugueses traduzem, muitas vezes, textos de autores estrangeiros consagrados sobre matérias específicas de interesse científico fundamental. Para além das matérias de cariz científico encontramos nesses periódicos textos de interesse sócio-profissional redigidos por farmacêuticos portugueses, bem como diversos trabalhos redigidos por médicos sobre técnica farmacêutica e terapêutica.

Começam também a ser publicados textos da autoria de farmacêuticos sobre a ciência farmacêutica em moldes que podemos considerar modernos. Outras obras sobre ciência farmacêutica são da autoria de médicos. Entre muitos nomes que se podem citar refiram-se como exemplo algumas das mais relevantes[29]. Assim, será oportuno referir a obra pioneira no nosso país do farmacêutico do Dispensatório Farmacêutico da Universidade de Coimbra, Cândido Joaquim Xavier Cordeiro, *Elementos de pharmacia theorica e practica* (1ª ed., Coimbra, 1859-60); o gigantesco *Formulario Officinal e Magistral* de Urbano da Veiga (1ª ed., Lisboa, 1868); os *Elementos de Pharmacotechnia* do médico e professor da Faculdade de Medicina da Universidade de Coimbra, Sacadura Botte (1ª ed., Coimbra, 1890); as *Lições de Pharmacologia e Therapeutica Geraes* do cirurgião Eduardo Augusto Mota (Lisboa, 1887); a *Elementos de Pharmacologia Geral* (Lisboa, 1851) do médico Bernardino António Gomes (filho), etc.

Embora saia um pouco da cronologia do nosso trabalho, deve-se destacar-se em Portugal, muito justamente, a figura de Bernardino António Gomes (Pai), médico, que em Lisboa, em 1810, isolou o primeiro alcalóide da quina[30] o que suscitou viva polémica com alguns professores da Universidade de Coimbra[31] e que é bem visível,

---

António Hipólito Aguiar (Coord.), *Farmacêuticos 2015. Uma reflexão sobre a evolução da profissão*, Lisboa, AJE-Sociedade Editorial, 2005, pp. 20-40.

[28] Cf. João Rui Pita, *História da Farmácia, ob. cit.*, p. 197 e ss.

[29] A este propósito ver a obra de J. P. Sousa Dias, *A Farmácia em Portugal. Uma Introdução à sua História, 1338-1938*, Lisboa, Associação Nacional das Farmácias, 1994, p. 55 e ss.

[30] Cf. João Rui Pita, *História da Farmácia, ob. cit.*, p. 204 e ss.; João Rui Pita, *Farmácia, medicina e saúde pública em Portugal (1772-1836), ob. cit.*, p. 161 e ss.

[31] Cf. João Rui Pita, *Farmácia, medicina e saúde pública em Portugal (1772-1836), ob. cit.*, p. 150 e ss.

por exemplo, no periódico *Jornal de Coimbra*. Tratou-se de uma descoberta fundamental no domínio da história da terapêutica medicamentosa e que dentro do país, condicionado aos escassos recursos e fora dos muros do principal pólo produtor de saber científico — a Universidade — foi inovador e fez ciência.

2.2. A importância da química e da microbiologia na formação dos farmacêuticos: o alargamento do seu papel de agente de saúde pública

As sucessivas reformas do ensino farmacêutico tentaram dar ao farmacêutico uma adequada formação no domínio da técnica farmacêutica e em todos os campos relacionados com a preparação do medicamento. Deve recordar-se que, para a cronologia em causa, se assiste à transição do medicamento manipulado para o medicamento industrializado; do medicamento galénico ou de forte inspiração galénica, para um medicamento químico; da fase terminal de uma farmácia qualitativa para uma farmácia quantitativa e dotada dos rigores das ciências laboratoriais como a química ou a física.

As disciplinas do curso farmacêutico que davam formação na área do medicamento ilustram o que acabámos de referir, isto é, injectava-se no aluno de farmácia uma formação que se pretendia adequada sobre a problemática do medicamento. Outro problema distinto, contudo, será o de se avaliar se o que era ministrado nos cursos farmacêuticos era o mais actual e o mais acertado para a formação do farmacêutico mas esta questão ultrapassa os limites deste artigo. Apenas o recurso a uma comparação de programas ou de manuais de ensino nos pode dar indicadores neste sentido.

Contudo, há uma orientação que foi desenvolvida nas reformas do século xx e que não pode ser esquecida: a da valorização do farmacêutico como agente sanitário público. Para que isto acontecesse era fundamental o desenvolvimento de duas áreas de vertente analítica: a química e a microbiologia, uma vez que estas duas disciplinas científicas eram fundamentais para o contexto analítico. Estes dois domínios científicos proporcionavam ao farmacêutico dois instrumentos de trabalho fundamentais para a prática profissional e científica de uma farmácia de dimensão analítica aplicada à saúde pública, justamente no tempo em que a higiene pública se desenvolvia como disciplina que tirava partido das ciências laboratoriais como a física, a química ou a microbiologia. Havia a percepção de que o farmacêutico poderia ter um papel importante como analista aplicado à saúde pública. A nosso ver, o que importa salientar é que havia a necessidade de formar profissionais com dinâmica suficiente para desenvolver esse ramo analítico e que os farmacêuticos se encontravam numa posição privilegiada para o fazer. Será interessante salientar, também, que essa relação do farmacêutico e da farmácia com esta vertente analítica alargou o seu espectro de actuação e deu um contributo decisivo para a afirmação do farmacêutico português como profissional sanitário. Portugal não foi excepção a esta onda renovadora das análises aplicadas à saúde pública e aqui, mais uma vez, foi essencialmente um centro receptor e não produtor de saber científico[32].

---

[32] Ana Leonor Pereira e João Rui Pita em «Ciências». In: José Mattoso (dir.), *História de Portugal*, vol. 5, *ob. cit.*, p. 652.

Um dos avanços mais significativos que se fizeram sentir na farmácia e que teve por base o «pilar químico»[33] foi o desenvolvimento da química analítica aplicada à saúde pública. Deve sublinhar-se que as inovações provenientes da revolução química lavoisieriana levaram, por exemplo, a alterações radicais na nomenclatura dos produtos farmacêuticos, da literatura farmacêutica, etc.. Já no século XIX, as técnicas de extracção química levaram a que se pudessem obter princípios activos extraídos de vegetais; os avanços operados na química orgânica levaram à quebra da tradicional barreira entre o orgânico e o inorgânico[34]. É igualmente certo que a química tomou um papel até então nunca visto no desenvolvimento de análises de aplicação sanitária.

Nesta medida, o laboratório químico passou a assumir-se como um apoio notável das ciências da saúde, muito particularmente nos assuntos relacionados com a higiene e com a saúde pública. A metodologia experimental que dominava o campo das ciências da saúde fez-se sentir também na aplicação do laboratório químico à saúde pública, seguindo o que havia sido feito por Max Von Pettenkofer, na Alemanha. Portugal também aplicou a metodologia laboratorial físico-química à saúde pública na resolução de problemas sanitários. Isto é: havia a possibilidade de justificar quantitativamente e de suportar com números e com valores objectivos aspectos qualitativos e sociais das ciências da saúde. Passava a ser possível averiguar que uma água está imprópria para consumo porque apresentava uma dada constituição; era possível afirmar com o rigor das ciências laboratoriais a finalidade de águas termais; passava a ser possível determinar os adequados parâmetros de uma boa água de consumo; etc. Do mesmo modo, tornam-se rotineiros os ensaios analíticos aplicados aos medicamentos, à avaliação do seu grau de pureza e, ainda, à averiguação de falsificações de medicamentos, bem como ao estudo de fármacos. Deste modo, a breve trecho, as análises hidrológicas e as análises bromatológicas afirmaram-se no plano higiénico, bem como as análises a medicamentos. Mostraram-se, também, do maior interesse as análises toxicológicas de aplicação diversa, tendo como horizonte a saúde pública. A química passou, também, a contribuir para solucionar determinados problemas legais, chegando mesmo a designar-se essa disciplina científica como química legal. Ferreira da Silva e Charles Lepierre, dois químicos cuja actividade científica fez eco em Portugal, são exemplos de dois cientistas que entenderam e valorizaram a aplicação da química a assuntos de interesse sanitário público.

Os óptimos resultados que se viveram em função da aplicação da metodologia laboratorial à higiene e à saúde pública acentuou-se ainda mais após as descobertas microbianas e a emergência da mentalidade etiopatológica[35] com os trabalhos de Pasteur, de Koch e das suas escolas de microbiologistas. Com as descobertas microbianas reforçaram-se as justificações de cariz quantitativo naquele domínio que era considerado como o braço social das ciências da saúde: a higiene e a saúde pública.

---

[33] Designação utilizada por Ana Leonor Pereira e João Rui Pita no artigo «Liturgia higienista no século XIX – pistas para um estudo», *Revista de História das Ideias*, Coimbra, 15, 1993, pp. 437-559.

[34] João Rui Pita, *Farmácia, medicina e saúde pública em Portugal (1772-1836)*, *ob. cit.*, sobretudo pp. 13-35.

[35] Cf. Pierre Darmon, *L'homme et les microbes*, Paris, Fayard, 1999.

Passou então a ser possível responsabilizar determinados microorganismos pelo surgimento de determinadas doenças e passou a ser possível relacionar o surgimento de determinados microorganismos com determinadas condições sanitárias. Este avanço foi fundamental no desenvolvimento da saúde pública pois permitia uma actuação muito mais incisiva por parte das autoridades sanitárias e por parte do Estado na resolução de problemas de saúde pública. Depois da descoberta dos microorganismos responsáveis pela cólera e pela tuberculose, por Koch, nos anos oitenta, foi possível relacionar directamente esses microorganismos com as doenças respectivas e relacioná-los com as condições de propagação da doença e eventuais terapêuticas medicamentosos

Portugal não escapou a esta onda inovadora. Médicos e farmacêuticos começaram a ter um papel crucial na articulação entre as determinações laboratoriais e a dinâmina política e administrativa da higiene e esta assume-se como um campo de intervenção interdisciplinar que congrega profissionais sanitários, químicos, juristas, políticos, engenheiros, arquitectos, etc. Tal como as conferências sanitárias internacionais realizadas desde meados do século XIX até aos primeiros anos do século XX tinham como denominador comum as questões relacionadas com doenças contagiosas tanto no quadro da administração sanitária como no quadro da investigação laboratorial, também em Portugal se desenrolam reuniões que tinham como denominador comum essa preocupação[36].

Basta percorrermos diversos periódicos médicos, farmacêuticos ou outros, para nos apercebermos deste suporte laboratorial aplicado à saúde pública[37]. É em sintonia com isto que se fundam em Portugal diversos laboratórios químicos e microbiológicos de declarada aplicação à saúde pública. Foi o caso, por exemplo, do Gabinete de Microbiologia da Faculdade de Medicina da Universidade de Coimbra que temos vindo a estudar[38]. Neste caso merece especial atenção o nome de Augusto Rocha, o principal dinamizador do gabinete cujos primeiros trabalhos se começaram a desenvolver em 1882, tendo-se realizado a sua instalação definitiva alguns anos depois — 1886. Ficaria incompleta esta nossa breve exposição se não referíssemos, ainda que muito brevemente, os nomes dos médicos Ricardo Jorge e de Câmara Pestana. O primeiro, impôs-se como a primeira autoridade portuguesa de renome mundial em matéria de higiene pública, tendo contribuido com um suporte doutrinal sistemático e sendo autor da adaptação e reforma dos serviços de saúde pública de acordo com o progresso da ciência higienista e que marcou a farmácia portuguesa, também pela criação da Inspecção do Exercício Farmacêutico através da Lei de Saúde e Higiene de 12 de Abril de 1926. Câmara Pestana, também nome maior da história das ciências da saúde em Portugal, fundou em 1892 o Instituto Bacteriológico que viria a ter o seu nome, que

---

[36] Cf. Ana Leonor Pereira; João Rui Pita, «Liturgia higienista no século XIX – pistas para um estudo», *Revista de História das Ideias, art. cit.*, p. 480 e ss.

[37] Cf. Ana Leonor Pereira; João Rui Pita, «Liturgia higienista no século XIX – pistas para um estudo», *Revista de História das Ideias, art. cit.*, p. 480 e ss. Ana Leonor Pereira; João Rui Pita, «Ciência e medicina: a revolução pasteuriana». In: *Congresso Comemorativo do V Centenário do Hospital do Espírito Santo de Évora - Actas*, Évora, Hospital do Espírito Santo de Évora, 1996, pp. 245-271.

[38] Cf. Ana Leonor Pereira; João Rui Pita, «A 'nave' dos micróbios na Universidade de Coimbra». In: *Património Cultural em Análise (Actas do Encontro Nacional)*, Coimbra, Grupo de Arqueologia e Arte do Centro – G.A.A.C., 1998, pp. 113-127.

dirigiu até à sua morte prematura em 1899[39] e que é instituição oficial decisiva na recepção da mentalidade pasteuriana em Portugal.

2.3. As farmacopeias portuguesas do século XIX: um problema científico com consequências profissionais

No decurso do século XIX e no primeiro quartel do século XX foram publicadas em Portugal duas farmacopeias. A segunda farmacopeia oficial portuguesa em 1835 e que contou com diversas edições. A terceira farmacopeia oficial portuguesa em 1876. A farmacopeia é um livro que normaliza um quadro de saberes farmacêuticos e que condicionava fortemente, nesse tempo, a produção medicamentosa e a própria prescrição médica uma vez que os medicamentos manipulados apresentavam grande percentagem na produção medicamentosa.

Em 1835 foi publicado o *Codigo Pharmaceutico Lusitano*, a segunda farmacopeia oficial portuguesa. Veio substituir a primeira farmacopeia oficial portuguesa, a *Pharmacopeia Geral*, da autoria do médico e lente da Universidade de Coimbra, Francisco Tavares, em vigor desde 1794, e que se mostrou logo após o seu aparecimento absolutamente desactualizada, mesmo no dizer do próprio autor[40].

O *Codigo Pharmaceutico Lusitano*, constituído por duas partes, foi redigido por Agostinho Albano da Silveira Pinto, médico da Real Câmara, doutor em Filosofia. O *Codigo Pharmaceutico Lusitano* foi editado pela primeira vez em Coimbra e impressa a sua primeira edição pela Imprensa da Universidade, com data de 1835[41]. Teve edições oficiais posteriores, em 1936, 1841, 1846 e 1858 (esta póstuma e coordenada pelo médico José Pereira dos Reis). A primeira parte da primeira edição intitula-se «Farmaconomia» e a segunda parte é designada por «Farmacopeia»[42]. Cumpria à Universidade de Coimbra a execução de uma farmacopeia oficial, mas a substituição da obra de Tavares foi realizada porque Silveira Pinto, face à desactualização do texto de Tavares, propôs à Faculdade de Medicina da Universidade de Coimbra a edição da sua obra como farmacopeia oficial. Depois de analisada e de devidamente observada, a Faculdade de Medicina da Universidade de Coimbra deu o seu parecer positivo e depois de apresentada à Câmara dos Deputados foi aprovada por decreto de 6 de Outubro de 1835 como farmacopeia oficial. Trata-se do primeiro tratado português de farmácia, de tipo farmacopeia, escrito em moldes modernos, embora a sua aceitação pela comunidade farmacêutica e a sua continuidade como farmacopeia oficial nem

---

[39] Cf. João Rui Pita, *História da farmácia, ob. cit.*, pp. 232-233; Ana Leonor Pereira; João Rui Pita, «Liturgia higienista no século XIX – pistas para um estudo», *Revista de História das Ideias, art. cit.*, p. 480 e ss.

[40] Cf. João Rui Pita, «Um livro com 200 anos: a farmacopeia portuguesa (Edição oficial). A publicação da primeira farmacopeia oficial: *Pharmacopeia Geral* (1794)», *Revista de História das Ideias*, 20, 1999, pp. 47-100.

[41] Agostinho Albano da Silveira Pinto, *Codigo Pharmaceutico Lusitano*, Coimbra, Na Imprensa da Universidade, 1835.

[42] Sobre a farmacopeia de 1835 e sobre a questão da primeira farmacopeia oficial portuguesa vide: João Rui Pita, *Farmácia, medicina e saúde pública em Portugal (1772-1836), ob. cit.*, p. 229 e ss.

sempre tenha sido bem acolhida. A linguagem utilizada é declaradamente quantitativa; a terminologia usada na designação dos instrumentos corresponde de facto à quantificação do processo químico-farmacêutico; a nomenclatura utilizada na designação das drogas refere-se directamente à natureza dessas mesmas drogas; em contraposição com a simbologia clássica, que nada tinha a ver com a natureza química dos elementos, Silveira Pinto usa os novos símbolos. Nesta farmacopeia encontramos já a referência aos fármacos extraídos dos produtos naturais — é a primeira farmacopeia oficial portuguesa onde, de facto, constam princípios activos isolados a partir de produtos da natureza e mencionam-se instrumentos laboratoriais modernos[43].

Contrariamente ao que acontecia com a farmacopeia anterior (*Pharmacopeia Geral*, 1794) e em contraposição com a farmacopeia que lhe sucedeu (*Pharmacopêa Portugueza*, 1876), o *Codigo Pharmaceutico Lusitano* não inscrevia na primeira edição um formulário destinado à preparação medicamentosa o que foi um defeito apontado por muitos farmacêuticos e remediado na última edição da obra (1858).

Em 1876 foi publicada uma nova farmacopeia oficial portuguesa — a terceira. Intitulava-se *Pharmacopêa Portugueza*[44]. A farmacopeia de 1876 foi a primeira farmacopeia oficial redigida por uma comissão oficial nomeada para esse efeito por decreto de 15 de Novembro de 1871. A obra foi aprovada em 14 de Setembro de 1876. A comissão presidida por Bernardino António Gomes (filho) teve como vogais outros médicos e farmacêuticos, figuras prestigiadas no tempo: Francisco José da Cunha Viana, Carlos Augusto May Figueira, José Tomás de Sousa Martins, José Tedeshi, Claudino José Vicente Leitão, Isidoro da Costa Azevedo, Joaquim Urbano da Veiga, Pedro José da Silva, Agostinho Vicente Lourenço e António Augusto de Aguiar.

Trata-se da primeira farmacopeia portuguesa oficial redigida em moldes modernos no que respeita à sua estruturação e autoria. Surge, precisamente, num período de emergência dos medicamentos industriais, num período em que os medicamentos oficinais continuavam singrando nas farmácias de oficina, num período de autêntica explosão de novas substâncias activas, num tempo de emergência da terapêutica preventiva, de aparecimento de novas formas farmacêuticas, etc. O seu aparecimento assume ainda maior significado se atendermos a que a obra permaneceu em vigor até 1935, isto é, durante seis décadas, num tempo em que era exigível uma renovação importante de uma obra deste género que se queria moderna num tempo de actualizações constantes impostas por uma nova dinâmica científica e técnica.

A consciência de que a farmacopeia oficial carecia de substituição, aliada ao facto de não conter grandes informações sobre a técnica farmacêutica como as anteriores apresentavam, encontra-se patente nas diversas tentativas de constituição de comissões de trabalho que funcionassem e trabalhassem em torno da preparação de uma nova farmacopeia, como foi o caso da comissão nomeada em 1903 e da comissão nomeada em 1913. Contudo, a constituição e a produtividade destes grupos de trabalho não foram os melhores, atingidos por questões de ordem política (implantação da República quando os trabalhos provenientes da comissão de 1903 estavam a chegar ao seu termo) e por questões de ordem institucional (saliente-se a oposição ao funcionamento

---

[43] Cf. João Rui Pita, *Farmácia, medicina e saúde pública em Portugal (1772-1836)*, ob. cit., p. 229 e ss.

[44] *Pharmacopêa Portugueza*, Lisboa, Imprensa Nacional, 1876.

da comissão de 1913 por parte da Sociedade Farmacêutica Lusitana, da Associação dos Farmacêuticos Portugueses e da União dos Farmacêuticos de Braga em virtude da escassez de farmacêuticos na referida comissão)[45].

3. A prática profissional farmacêutica: contributo decisivo para cuidar da saúde

3.1. O desenvolvimento da prática da farmácia de oficina

Se a dinâmica do farmacêutico no ramo das análises representava a nova porta que se abria, se a cientificação da farmácia era, nesse tempo, uma área de convergência de interesses médicos e farmacêuticos, o exercício da prática farmacêutica em farmácia de oficina, área exclusiva do farmacêutico, suscitou o levantamento de algumas questões que reflectem o estado do exercício farmacêutico no nosso país. O século XIX é fértil em polémicas e questões de afirmação do corpo farmacêutico. A fundação da Sociedade Farmacêutica Lusitana, em 1835, surge como medida acertada para fazer emergir uma voz científica e profissional representante dos interesses de uma classe profissional — a farmácia e os farmacêuticos portugueses. Se é frequente encontrarmos palavras de reconhecimento pelo espírito de sacrifício de muitos farmacêuticos no desempenho da sua «arte», outras vezes as palavras são extremamente críticas relativamente ao seu desempenho de actividade[46]. Um problema de difícil resolução que se colocava à farmácia em Portugal era o do exercício ilegal da profissão e o da concorrência de outros grupos profissionais como os droguistas. Para se avaliar este problema deve referir-se que ainda em 1932, no Decreto que reorganizou o ensino da farmácia se dizia que mesmo após as reformas de 1911 e seguintes «o exercício da profissão farmacêutica continuou a fazer-se (...) ilegalmente, por indivíduos sem quaisquer habilitações legais, devendo ainda contar-se entre as que funcionavam em condições irregulares as farmácias que, embora com um director técnico responsável, por ele não eram fiscalizadas assídua e permanentemente»[47]. O mesmo diploma adiantava que das 1.300 farmácias então existentes no país somente cerca de 800 funcionavam em condições legais.

Logo após a reforma do ensino farmacêutico de Passos Manuel, em 1836, e por toda a segunda metade do século XIX, surgem vozes apelando à necessidade de se reformar o próprio exercício da profissão farmacêutica, dizendo-se que só ficaria completa a reforma do ensino farmacêutico com a reforma do exercício profissional. Por várias vezes, em periódicos farmacêuticos como os que já referimos, se fala do exercício da profissão em Portugal, em modos nem sempre muito abonatórios. Mais: surgem questões

---

[45] Cf. J. P. Sousa Dias, «De Pombal ao Estado Novo: a Farmacopeia Portuguesa e a História (1772--1935)», *Medicamento, História e Sociedade, art. cit.*, p. 4.

[46] Cf., por exemplo, Freitas e Silva, «Analisando», *Gazeta de Pharmacia*, 26(13)1908, pp. 194-195; «A Pharmacia e o mutualismo em Portugal. Representação da Associação dos Pharmaceuticos Portuguezes, entregue no dia 17 de abril ao Exmº Ministro do Fomento», *Boletim Pharmaceutico*, 9(5-9)1911, pp. 206--210.

[47] Decreto nº 21.853, de 8 de Novembro de 1932. In: M. D. Tello da Fonseca, *História da Farmácia portuguesa através da sua legislação*, vol. 2, *ob. cit.*, p. 487.

novas relativas ao exercício, nomeadamente aquelas que são provenientes de uma nova concepção do medicamento — o medicamento industrializado — e toda a dinâmica em torno da questão da venda do medicamento. São extremamente interessantes as palavras dirigidas ao Presidente do Conselho de Ministros em 28 de Outubro de 1910, onde, a propósito da reforma do ensino de 1902 se refere o seguinte: «Não menos necessário e urgente é a revisão da legislação àcerca do Exercício de Farmácia, que faça cessar, duma vez, a preparação e venda de medicamentos de receituário nas drogarias e mercearias e por uma horda de charlatães, o que constitui um abuso inqualificável e um perigo tão fatal quanto terrível para a Saúde Pública, porque os altos poderes do Estado têm de interessar-se constante e carinhosamente»[48].

Mas, se, por um lado, não havia convergência de opiniões relativamente à formação do farmacêutico e à existência de duas classes de farmacêuticos, por outro lado, havia enorme força no mundo farmacêutico na defesa do elevado valor moral e social do exercício da profissão, na defesa da exclusividade do exercício da profissão por parte de farmacêuticos e quanto à limitação das farmácias. Vejamos, como exemplo, o que se escreveu nas páginas do *Boletim Pharmaceutico*, em diversos artigos, sendo muito esclarecedoras as palavras inscritas no artigo «Limitação de Pharmacias», onde se diz: «A limitação do número de farmácias é assunto que merece ser lembrado de vez em quando, pois que, da sua resolução, depende, a nosso ver, a vitalidade da farmácia portuguesa e a independência dos seus profissionais (…) A limitação, se bem que não tenha por si a unanimidade da classe, tem contudo, cremo-lo, a maioria, uma grande maioria que a quer, que a aceita como fórmula de vida diferente da actual, mais limpa, mais decorosa, mais em harmonia com o que as necessidades e as relações sociais do nosso tempo exigem forçada e imperiosamente»[49]. Tratava-se, de acordo com o referido artigo, de aplicar o que outros países já haviam feito, nomeadamente a Itália, a Áustria, a Holanda, a Dinamarca, a Alemanha, a Suécia, a Noruega, a Suiça e a Rússia, dizendo-se, ainda, que «não tem limite a França, a Inglaterra, a Espanha, a Bélgica a Turquia e alguns outros países, o que não quer dizer que a decadência da profissão em alguns deles se não acentue de modo a causar calafrios…[50]. Tello da Fonseca, num artigo intitulado «O limite de pharmacias» faz um diagnóstico para o caso concreto da cidade do Porto e refere que esta cidade com um total de 160.000 habitantes tem no seu perímetro mais de 90 farmácias, havendo, contudo, bairros e zonas bem delimitadas com um máximo de 200 habitantes; em Lisboa, referia Tello da Fonseca[51] existiam então 143 farmácias, menos 26 do que toda a Dinamarca que tinha naquele tempo dois milhões de habitantes, praticamente as mesmas que então existiam em toda a Suécia e a Noruega, mais do que as farmácia existentes em Berlim (com uma população de um milhão e seiscentos mil habitantes), mais de metade das farmácias existentes em Paris (dois milhões e quinhentos mil habitantes).

---

[48] «Mensagem dirigida ao Excellentissimo Presidente do Conselho de Ministros da Republica Portugueza», *Jornal da Sociedade Pharmaceutica Lusitana*, 1910, p. 604.

[49] «Limitação de pharmacias», *Boletim Pharmaceutico*, 5(10)1906, pp. 145-146.

[50] «Limitação de pharmacias», *Boletim Pharmaceutico*, art. cit., p. 147.

[51] Tello da Fonseca, «O limite de pharmacias», *Boletim Pharmaceutico*, 1(3)1902, pp. 43-45.

As novas substâncias activas então surgidas, a nova abordagem dos fármacos naturais, o problema das falsificações de medicamentos, a alteração dos medicamentos, bem como a questão dos medicamentos industrializados constituíram também preocupações importantes no exercício da profissão.

3.2. A industrialização do medicamento

O desenvolvimento da biologia (caso do aparecimento das vacinas, o estudo das hormonas), muito particularmente da microbiologia, o desenvolvimento da farmácia química e da síntese química (entram no arsenal terapêutico, entre outros, a pilocarpina, a cocaína, a heroína, a estrofantina, a novocaína, a epinefrina, o cloral, o sulfonal, o veronal, o luminal, o ácido salicílico, o ácido acetilsalicílico, a antipirina, etc.) e a emergência de novas formas farmacêuticas (por exemplo as cápsulas, os comprimidos, os injectáveis, etc.) geraram problemas a solucionar pela indústria farmacêutica[52]. Não se tratava apenas de industrializar o medicamento que até então era artesanal e produzido a uma escala oficinal nas farmácias. A industrialização do medicamento passava, também, pela resolução de questões daquele tipo que envolviam, logo à partida, investimentos económicos de ordem de grandeza diferente dos investimentos das farmácias de oficina e, ainda, pela resolução de problemas publicitários inéditos, pela resolução de problemas anexos como o desenvolvimento de tecnologias industriais complementares e de meios complementares como, por exemplo, os recipientes de acondicionamento, os próprios materiais de acondicionamento, técnicas operatórias como, por exemplo, a centrifugação, a esterilização, purificação da água, diálise, etc., materiais excipientes e outros como, por exemplo, a gelatina e a glicerina. No estrangeiro, indústrias como a Merck, a Bayer, a Parke-Davis, a Sandoz, a Ciba, entre outras fizeram o seu aparecimento[53].

O farmacêutico passava a ter, então, nas indústrias farmacêuticas um novo campo de trabalho. Se é certo que a indústria farmacêutica portuguesa tinha necessariamente que se confrontar com os problema referidos mais atrás, também é certo que o farmacêutico português parecia não ter a formação base para enfrentar com optimismo esses mesmos desafios. Refira-se que só com a reforma republicana do ensino farmacêutico o curso de farmácia ficou dotado com disciplinas do campo da microbiologia, de química biológica e de criptogamia, matérias fundamentais para um entendimento correcto da realidade científica industrial[54].

[52] Vide: João Rui Pita, *História da farmácia*, ob. cit., p. 220 e ss.

[53] Cf. João Rui Pita, *História da farmácia*, ob. cit., pp. 223-224.

[54] A indústria farmacêutica portuguesa tem sido estudada por J. P. Sousa Dias que publicou os trabalhos «A formação da indústria farmacêutica em Portugal: os primeiros laboratórios (1890-1914)», *Revista Portuguesa de Farmácia*, Lisboa, 43(4) Out.-Dez. 1993, pp. 47-56 e «Contributo para um dicionário das empresas da indústria farmacêutica portuguesa na primeira metade do século XX», *Medicamento, História e Sociedade*, nova série, 12, 1997, pp. 1-12. Vide, também, do mesmo autor o capítulo consagrado à história da indústria farmacêutica portuguesa em *A farmácia em Portugal*, Lisboa, Associação Nacional das Farmácias, 1994, pp. 103-118.

Tudo indica ter sido a Companhia Portuguesa de Higiene a primeira indústria farmacêutica portuguesa resultante de um investimento avultado[55]. Esta indústria, uma sociedade anónima, foi fundada em 1891. Teve como ponto de partida a firma Estácio & Cª e foi impulsionada a sua organização por Emílio Faria Estácio. A sociedade congregava farmacêuticos, médicos, comerciantes de drogas e outros industriais exteriores à produção medicamentosa.

Apenas para citar algumas das indústrias de maior dimensão entre o final do século passado e o início do nosso século deve dar-se destaque à fundação, em 1892, em Lisboa, do Laboratório Farmacêutico J. Neves & Cª, pelo farmacêutico José Vicente das Neves. Esta indústria dedicou-se de início à produção de cápsulas amiláceas e gelatinosas, de extractos medicinais, de pílulas, de grânulos, entre outras. Já no século xx surge a Farmácia Normal, posteriormente Laboratório Normal, que teve os seus inícios em 1904 com a fundação da sociedade Pires & Mourato Vermelho. Em 1911 foi fundado, em Lisboa, o Laboratório Sanitas, propriedade da firma Cortês Pinto & Pimentel, Ldª, tendo-se dedicado praticamente logo desde o início à produção de comprimidos e de ampolas.

Além destes laboratórios farmacêuticos muitos outros poderiam ser mencionados; alguns de menor dimensão, outros de maior pujança, alguns deles declaradamente resultantes da transformação de farmácias de oficina, outros construídos re raíz como laboratórios industriais. É o caso dos Laboratórios Davita (Lisboa, 1912), da Empresa de Vinhos Medicinais (Porto, 1893), Estabelecimentos Álvaro de Campos (1918), Farmácia Alberto Veiga (Lisboa, 1889), Farmácia e drogaria Pires & Barata (Lisboa), Laboratório Farmacológico de J.J. Fernandes & Cª (Lisboa, 1918?), Instituto Pasteur de Lisboa (Lisboa, 1895), Laboratório Andrade (Lisboa), Laboratório Saúde (Lisboa, 1919), Laboratórios JABA (Lisboa, 1919), Laboratórios Sicla (Lisboa, 1915), Vitália (Faro, 1919), etc.[56].

Tudo parece indicar que o principal problema da indústria farmacêutica portuguesa não foi o escoamento dos produtos que, além de Portugal continental, contou com o mercado das colónias e, também, do Brasil. Ao que se sabe, as limitações da recém-nascida indústria farmacêutica portuguesa foram provenientes de falta de esclarecimento técnico e científico e de uma certa escassez de investimento ao nível da própria tecnologia farmacêutica e, ainda, à fraca atenção prestada ao desenvolvimento do campo da tecnologia química e da tecnologia biológica. Daí que, no início do século, a indústria farmacêutica portuguesa se limitasse a produzir industrialmente os medicamentos clássicos e a investir em técnicas de esterilização conducentes à obtenção de injectáveis e de material de penso e não tenha apostado nas novas realidades industriais resultantes da aplicação das tecnologias biológicas, como era o caso da produção de vacinas e de antitoxinas[57]. De qualquer modo, os produtos medicamentosos

---

[55] Cf. J.P. Sousa Dias, «A formação da indústria farmacêutica em Portugal: os primeiros laboratórios (1890-1914)», *Revista Portuguesa de Farmácia, art. cit.*, pp. 47-56.

[56] Cf. J.P. Sousa Dias, «Contributo para um dicionário das empresas da indústria farmacêutica portuguesa na primeira metade do século xx», *Medicamento, História e Sociedade*, nova série, 12, 1997, pp. 1-12.

[57] Cf. J.P. Sousa Dias, «A formação da indústria farmacêutica em Portugal: os primeiros laboratórios (1890-1914)», *Revista Portuguesa de Farmácia, art. cit.*, pp. 47-57.

produzidos industrialmente em Portugal mostravam-se com garantias absolutas para atingir os objectivos pretendidos como ficou muito bem demonstrado por ocasião do 1º Congresso Nacional de Farmácia realizado em Lisboa, em 1927[58].

A farmácia em Portugal via, assim, alargado o seu espectro de actuação e o seu campo de intervenção. A acção do farmacêutico no domínio do medicamento não se limitava, assim, à farmácia de oficina mas estendia-se, também, às indústrias farmacêuticas.

3.3. O farmacêutico, a vocação analítica e a saúde pública. A revalorização do papel do farmacêutico

No desenvolvimento da sua actividade profissional, o papel do farmacêutico estendeu-se ao ramo analítico. A parte analítica de interesse sanitário público passou, gradualmente, a ser uma séria opção profissional para o farmacêutico o que, a nosso ver, contribuiu para a sua elevação na hierarquia sócio-profissional. É também neste sentido que compreendemos as palavras insertas na *Gazeta de Pharmacia*: «a oficina farmacêutica (...) tornar-se-á a pouco e pouco um laboratório de análises, satisfazendo as necessidades dos patologistas, dos industriais e dos agrónomos»[59]. Para corroborar esta perspectiva, dispomos de diversos artigos, publicados nos periódicos farmacêuticos referidos, versando problemas analíticos de interesse sanitário público, alguns deles da autoria de farmacêuticos. Dispomos também de traduções de autores estrangeiros, executadas por farmacêuticos portugueses instigando à ocupação por parte de farmacêuticos desta nova área profissional e estimulando as autoridades do Estado a introduzirem farmacêuticos em comissões sanitárias de interese público[60]. É igualmente significativo que na obra de J. F. Macedo Pinto intitulada *Toxicologia judicial e legislativa*, de 1860, o autor, médico, apresente uma proposta de criação de uma comissão especializada em exames químico-legais composta também por farmacêuticos, embora estes não fossem os preferencialmente escolhidos[61]. São também esclarecedoras as palavras impressas na *Gazeta de Pharmacia* a propósito do Congresso Farmacêutico Internacional que se realizou em 1885 em Bruxelas, onde logo a abrir se diz que «é um facto incontestável que a questão mais importante sob o ponto de vista da higiene, é a que se refere às águas alimentares»[62]. Será interessante apreciarmos os temas gerais do Congresso para nos apercebermos dos assuntos então mais actuais da

---

[58] Sobre o 1º Congresso Nacional de Farmácia vide o artigo de João Rui Pita, «Primeiro Congresso Nacional de Farmácia – 60 anos depois», *Boletim da Faculdade de Farmácia de Coimbra*, 10(2)1986, pp. 59-82.

[59] «O pharmaceutico da actualidade», *Gazeta de Pharmacia*, 23 (18) 1905, p. 275.

[60] Cf., por exemplo, Alfredo da Silva Machado, «Conselhos de hygiene», *Gazeta de Pharmacia*, 3(27)1885, pp. 221-222.

[61] José Ferreira de Macedo Pinto, *Toxicologia Judicial e Legislativa*, Coimbra, Imprensa da Universidade, 1860, pp. 32-33. Veja-se, também, por exemplo a «Representação pedindo o ingresso de pharmaceuticos nos laboratorios das morgues», *Jornal da Sociedade Pharmaceutica Lusitana*, 1911, p. 112.

[62] «Congresso Pharmaceutico Internacional - As aguas alimentares», *Gazeta de Pharmacia*, 4(2)1886, p. 17.

farmácia: 1º Exame do projecto da farmacopeia internacional; 2º Ensino farmacêutico; 3º Falsificações das substâncias alimentícias; 4º águas alimentares: seus caracteres[63].

Na *Gazeta de Pharmacia* encontramos, entre muitos outros, um interessante artigo intitulado «Os pharmaceuticos e a tuberculose» onde se diz que «o farmacêutico pode tornar-se num campeão notável, na propaganda das noções de higiene»[64]. Neste mesmo periódico, logo no primeiro ano de publicação, é oportuno salientar as palavras do químico Ferreira da Silva ao reportar-se à formação dos farmacêuticos portugueses: «criando-se nas novas escolas a cadeira de *química farmacêutica*, que há muito tempo devera ser ensinada entre nós, e a de *química legal e higiene*, não menos precisa hoje, em que os serviços médico-legais foram remodelados e os de fiscalização de subsis-tências tendem a ser ampliados»[65].

O farmacêutico, ainda no decurso do século XIX, e muito mais acentuadamente, após as reformas de ensino de 1902 e de 1911, passou a estar apto a desenvolver este tipo de análises de aplicação sanitária. Na mesma sequência encontramos insertos no *Jornal da Sociedade Pharmaceutica Lusitana* diversos artigos que demonstram o que acabámos de dizer. Mais: atendendo a que a Sociedade Farmacêutica Lusitana se assumia como um órgão defensor dos interesses da classe[66] e, simultaneamente, como uma instituição promotora de iniciativas científicas, os textos publicados no *Jornal* são efectivamente um barómetro do que os dirigentes farmacêuticos entendiam como perfil da actividade farmacêutica. Assim, encontramos diversos artigos, quer artigos originais, quer traduções de artigos de autores estrangeiros, sobretudo franceses, que versavam sobre estas temáticas. Entre as vastas matérias focadas econtramos traba-lhos sobre análises químicas de águas de consumo, sobre análises químicas de águas termais, sobre análise química de drogas de origem natural, sobre análise química de produtos químicos, sobre análises químico-legais de vísceras humanas, sobre análises químico-legais de líquidos orgânicos, sobre falsificação de produtos químicos, sobre presença de metais nos envenenamentos, sobre falsificações de drogas vegetais, sobre falsificações de produtos alimentares, sobre falsificações de formas farmacêuticas, sobre envenenamentos diversos, etc.. Por isso, dado o interesse e a competência do farmacêutico no campo analítico não é de admirar que em 1909 tivesse vindo inscrito nas páginas do *Jornal da Sociedade Farmacêutica Lusitana*[67] que a preparação do far-macêutico conferia-lhe aptidões para trabalhar em Escolas Politécnicas e Industriais e nos Tribunais onde haja execução de análises químico-legais, havendo já diversos farmacêuticos a trabalhar em instituições como o Laboratório Químico da Faculdade de Filosofia, no Hospital da Marinha, na Assistência Nacional aos Tuberculosos, nos Liceus e, muito logicamente, nas Escolas de Farmácia.

---

[63] «Congresso Pharmaceutico», *Gazeta de Pharmacia*, 2(23)1885, p. 161.

[64] A.F., «Os pharmaceuticos e a tuberculose», *Gazeta de Pharmacia*, 23(13)1905, p.201.

[65] A.J. Ferreira da Silva, «A chimica e a pharmacia», *Revista Chimico-Pharmaceutica*, 1903, p. 39.

[66] Cf. João Rui Pita, *História da farmácia, ob. cit.*, p. 200 e ss.

[67] Cf. Ferreira da Silva, «Os modernos progressos da chimica pharmaceutica e a sua influencia sobre a pharmacia actual (Conferência pronunciada na sessão solemne)», *Jornal da Sociedade Pharmaceutica Lusitana*, 1909, p. 148.

A articulação das ciências físico-químicas e da microbiologia com a medicina permitiu que a higiene e a saúde pública atingissem, então, uma nova dimensão. Com efeito, estas disciplinas médicas ficaram dotadas de um poder de resolução de problemas sanitários de interesse público até então nunca alcançado.

Se é inegável que se pode falar do «enciclopedismo da higiene científica»[68], também é inegável que o farmacêutico se situava numa posição de charneira propícia a uma articulação de saberes científicos. Isto é: o farmacêutico já era um profissional vocacionado para os problemas sanitários, pela sua condição de produtor de medicamentos e de distribuidor desses mesmos medicamentos. Gradualmente, pela sua formação científica abrangendo áreas da química, da bromatologia, da toxicologia e, posteriormente, da microbiologia e da hidrologia, o farmacêutico avançou para um ramo complementar da sua vocação directa. A nosso ver, este aumento do raio de actuação do farmacêutico ao serviço da saúde pública, num momento decisivo da valorização da higiene e da saúde pública, proporcionou um reconhecimento gradual do valor do farmacêutico como agente sanitário de interesse público. A nosso ver, este aspecto facultava uma alteração do estatuto científico do farmacêutico e contribuiu para a sua sedimentação enquanto profissional sanitário.

Basta percorrermos alguns periódicos farmacêuticos de finais do século XIX e do primeiro quartel do século XX para nos apercebermos desta realidade e do valor da farmácia na dinâmica da higiene pública. São inúmeros os artigos publicados sobre as análises de aplicação sanitária pública ou traduções de artigos do vasto campo da higiene pública, o que prova, também, o interesse dos farmacêuticos por esta dimensão sanitária. Bem caracterizadoras do que foi exposto são, entre outras, as palavras insertas na *Gazeta de Pharmacia*, no artigo intitulado «O pharmaceutico da actualidade». Neste texto, trabalho onde se refere a necessidade do farmacêutico alargar o seu campo de actuação, diz-se: «Ora, assim como a missão do médico na sociedade não consiste unicamente no tratamento das doenças, mas se estende a tudo o que interessa à conservação da saúde, também o farmacêutico não deve limitar-se a preparar e fornecer medicamentos porque tem a missão de prestar a sua opinião a consultas sobre mumerosas questões que se relacionam com a higiene, a medicina ou a indústria»[69].

É do mesmo modo esclarecedor o artigo de J. Alves da Silva publicado no *Boletim Pharmaceutico* e intitulado «O microbio da cholera e os processos elementares da sua destruição (vulgarisação de hygiene)», onde se pretende divulgar pela comunidade farmacêutica as noções elementares sobre a cólera e se defende o papel activo do farmacêutico na dinâmica da saúde pública. Nesta medida dizia o seguinte: «Seja-nos também lícito dizer que de modo algum pretendemos imiscuir-nos em assuntos estranhos à nossa profissão. Versaremos, simplesmente, a questão na esfera dos conhecimentos que deve ter o farmacêutico moderno, isto é, sobre a parte microbiológica e esterilização pelos processos físicos e químicos, os quais constituem os meios preventivos da epidemia que nos referimos, e são a base dos conhecimentos higiénicos necessários a todo o

---

[68] Ana Leonor Pereira e João Rui Pita no artigo «Liturgia higienista no século XIX – pistas para um estudo», *Revista de História das Ideias, art. cit.*, p. 450.

[69] «O pharmaceutico da actualidade», *Gazeta de Pharmacia*, 23(18)1905, p. 275.

cidadão que queira adextrar-se na luta contra o terrível flagelo de que é protagonista o vibrião colérico»[70].

No âmbito da aplicação da farmácia e do serviço do farmacêutico à saúde pública e às análises de aplicação sanitária, merece destaque, entre outros, a figura maior de Joaquim dos Santos e Silva[71], farmacêutico e professor da Escola de Farmácia da Universidade de Coimbra que desenvolveu bastante a análise química no nosso país e as análises químicas de águas, portanto de interesse sanitário. Estagiou na Alemanha nos melhores centros químicos e desenvolveu em Portugal a análise química tendo realizado inúmeros estudos analíticos de aplicação sanitária como os que realizou nas águas termais e de consumo.

5. Conclusões

De tudo o que foi exposto pode então concluir-se que o século XIX e os primeiros anos do século XX marcam diversas transições na farmácia: do boticário, produtor de medicamentos, para o farmacêutico; da farmácia enquanto arte para a ciência farmacêutica; da botica para a farmácia.

Se esta cientificação da farmácia elevou o seu estatuto institucional e contribuiu para uma certa elevação do estatuto profissional do farmacêutico, por outro lado, a actuação do farmacêutico, porque estava devidamente preparado para essas funções, no ramo analítico de interesse sanitário público, quer físico-químico, quer microbiológico, contribuiu para a consolidação do farmacêutico como profissional sanitário.

O estatuto do farmacêutico enquanto especialista do medicamento e agente de saúde pública só foi atingido porque o farmacêutico ficou dotado, após sucessivas reformas de ensino, de um conjunto de saberes científicos e técnicos que lhe permitiu actuar consistentemente naquela área sanitária e porque, gradualmente, ocupou espaços de intervenção profissional que se articulavam com a sua formação. Também deve muito às lutas empreendidas pelos farmacêuticos portugueses oitocentistas de que a fundação da Sociedade Farmacêutica Lusitana, em 1835, foi uma das faces visíveis.

---

[70] J. Alves da Silva, «O microbio da cholera e os processos elementares da sua destruição», *Boletim Pharmaceutico*, 9(3-4)1911, pp. 236-246.

[71] Cf. João Rui Pita; A. Pinho Brojo, «Subsídios para a História do ensino farmacêutico na Universidade de Coimbra, no período de 1902 a 1988», *Boletim da Faculdade de Farmácia de Coimbra*, 13(1)1989, pp. 7-35. Vide, também, João Rui Pita, «A farmácia em Portugal: de 1836 a 1921. Introdução à sua história. Parte I. Ensino farmacêutico e saúde pública – formação e actividade dos farmacêuticos portugueses», *art. cit.*, p. 17. Não referimos, propositadamente, o nome de Roberto Duarte Silva, farmacêutico português que se dedicou particularmente em França ao ensino da química, tendo desenvolvido assinaláveis trabalhos de investigação. A sua actividade realizou-se sobretudo em França e no domínio da química.

www.ingramcontent.com/pod-product-compliance
Lightning Source LLC
Chambersburg PA
CBHW071141280326
41935CB00010B/1314